U0463970

数字经济发展与实践

主 编◎陈小辉

副主编◎李文红 张 鹏 张 丽

参 编◎杨茜雯 李自荣 张燕雪 卢孔标

四川大学出版社
SICHUAN UNIVERSITY PRESS

图书在版编目（CIP）数据

数字经济发展与实践 / 陈小辉主编． — 成都 ： 四
川大学出版社，2023.7
（经管数学应用丛书）
ISBN 978-7-5690-6236-6

Ⅰ．①数… Ⅱ．①陈… Ⅲ．①信息经济－经济发展－
研究－中国 Ⅳ．① F492

中国国家版本馆 CIP 数据核字（2023）第 135795 号

书　　　名：数字经济发展与实践
　　　　　　Shuzi Jingji Fazhan yu Shijian
主　　编：陈小辉
丛 书 名：经管数学应用丛书

丛书策划：蒋　玙
选题策划：蒋　玙
责任编辑：蒋　玙
责任校对：周维彬
装帧设计：墨创文化
责任印制：王　炜

出版发行：四川大学出版社有限责任公司
　　　　　　地址：成都市一环路南一段 24 号（610065）
　　　　　　电话：（028）85408311（发行部）、85400276（总编室）
　　　　　　电子邮箱：scupress@vip.163.com
　　　　　　网址：https://press.scu.edu.cn
印前制作：四川胜翔数码印务设计有限公司
印刷装订：成都市新都华兴印务有限公司

成品尺寸：170 mm×240 mm
印　　张：11
字　　数：204 千字

版　　次：2023 年 8 月 第 1 版
印　　次：2023 年 8 月 第 1 次印刷
定　　价：68.00 元

扫码获取数字资源

四川大学出版社
微信公众号

目　录

第一部分　数字科技

第二部分　数字经济

第一部分 数字科技

2021年12月12日，国务院印发的《"十四五"数字经济发展规划》明确指出，数字经济是继农业经济、工业经济之后的主要经济形态，是以数据资源为关键要素，以现代信息网络为主要载体，以信息通信技术融合应用、全要素数字化转型为重要推动力，促进公平与效率更加统一的新经济形态。如果我们把互联网技术看作互联网经济时代的"基础设施"，那么，数字科技就是数字经济时代的"基础设施"。中国科学院科技战略咨询研究院认为，数字科技是利用物理世界的数据（描述物理世界的符号集），建构与物理世界形成映射关系的数字世界，并通过算力和算法来生产有用的信息和知识，以指导和优化物理世界中经济和社会运行的科学技术。

数字科技是基于物理世界和数字世界映射互动的体系提炼的一个新概念，是当今世界创新速度最快、通用性最广、渗透性和引领性最强的领域之一。数字科技创新正在加速推动学科创新、研究新范式、科学新发现、产业新模式等的变革。

第一章　历史沿革与科学内涵

数字科技相当于数字经济时代的"基础设施"，要深入研究数字经济相关理论，有必要先阐述数字科技的历史沿革、科学内涵和发展现状。

第一节　历史沿革

在计算机领域，有三位重要的奠基人：一位是被称为"计算机科学之父"和"人工智能之父"的英国数学家、逻辑学家艾伦·图灵，一位是被誉为"计算机之父"的数学家冯·诺依曼，一位是被称为"信息论之父"的美国数学家和密码学家克劳德·香农。从1946年第一台电子计算机发明算起，数字技术经历了计算机、互联网和新一代信息技术三个阶段（图1-1）。

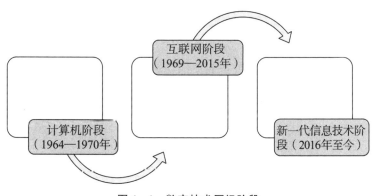

图1-1　数字技术历经阶段

一、计算机阶段

在第二次世界大战时期，同盟国为满足快速计算的需求，在艾伦·图灵和冯·诺依曼两位数学家的指导下研发了电子计算机。1943年，英国发明了第一台可编程的电子计算机——巨人计算机，以破译德军密码；同年，美国为完成火炮弹道运算，开始研制可编程的通用计算机 ENIAC（Electronic Numerical Integrator And Computer）。1946 年 2 月 14 日，该机器在宾夕法尼亚大学宣布诞生，标志着数字时代的来临。从 1946 年电子计算机的发明到 20 世纪 70 年代，是数字技术发展的第一阶段，主要由计算机驱动。计算机阶段可以分为以下四个子阶段（表 1-1）：

表 1-1　计算机发展子阶段

发展阶段	大致时期	基本特征
电子管数字机	1946—1958 年	体积大、功耗高、可靠性差、速度慢（一般为每秒数千次至数万次）、价格昂贵，但为以后的计算机发展奠定了基础。
晶体管数字机	1958—1964 年	体积缩小、能耗降低、可靠性提高、运算速度提高（一般为每秒数 10 万次，可高达 300 万次）、性能比第 1 代计算机有很大的提高。
集成电路数字机	1964—1970 年	速度更快（一般为每秒数百万次至数千万次），且可靠性有了显著提高，价格进一步下降，产品具备通用化、系列化和标准化等特点，并开始进入文字处理和图像处理领域。
大规模集成电路机	1970 年至今	1971 年，世界上第一台微处理器在美国硅谷诞生，由此开创了微型计算机的新时代；其应用领域从科学计算、事务管理、过程控制逐步走向家庭。

电子计算机（电脑）是现代用于高速计算的电子计算机器，可以进行数值计算、逻辑计算，具有存储记忆功能，能够按照程序运行，自动、高速处理海量数据。它的应用领域从最初的军事科研应用扩展到社会的各个领域，已形成了规模巨大的计算机产业，带动了全球范围的技术进步，由此引发了深刻的社会变革，计算机已成为信息社会中必不可少的工具。它是人类进入信息时代的重要标志之一。

二、互联网阶段

互联网是由一些使用公用语言互相通信的计算机连接而成的网络，即广域网、局域网及单机按照一定的通信协议组成的国际计算机网络。组成互联网的计算机网络包括小规模的局域网（LAN）、城市规模的城域网（MAN）及大规模的广域网（WAN）等。这些网络通过普通电话线、高速率专用线路、卫星、微波和光缆等把不同国家的大学、公司、科研部门以及军事和政府等组织的网络连接起来。

1969 年 10 月 29 日，美国国防部高级研究计划局（DARPA）组建的阿帕网（ARPANET）第一期工程投入使用，标志着数字技术进入了互联网阶段。

简单讲，互联网就是网络与网络之间串联成的庞大网络。互联网的发展大致经历了三个阶段。第一阶段可以称为第一代互联网（Web1.0），时间为1995—2005 年。Web1.0 是只读互联网，用户只能在上面收集、浏览和读取信息，网络的编辑管理权限掌握在开发者手中，用户只能被地动获取信息。Web1.0 是平台向用户的单向传播模式，它的表现形式是各种各样的门户网站，如 Google、网易、百度、搜狐、新浪等。第二阶段可以称为第二代互联网（Web2.0），Web2.0 在 2005 年初具雏形，其被大规模应用是在 2014 年。Web2.0 是可读写、交互互联网，用户不仅可以在其上读取信息，还可以转发、分享、评论、互动，自己创建文字、图片和视频，并上传到网上。Web2.0 实现了用户与用户之间的双向互动，让每一个用户不再仅是互联网的读者，同时也是互联网的作者，Web2.0 的表现形式是各类 APP，如Facebook、QQ、微信、抖音等，但这些 APP 的开发商都是中心化的机构，用户发布的内容都存储在开发商的数据库里，很容易出现网络安全问题，比如信息丢失、泄露。与 Web1.0 和 Web2.0 相比，第三阶段——第三代互联网（Web3.0）最大的区别是去中心化。Web3.0 的概念是在 2014 年提出的，目前处于基础建设时期。Web3.0 是基于区块链技术建立的点对点的去中心化的智能互联网。Web3.0 的基础建设包括分布式存储、物联网、生态公链、云计算等方面，Web3.0 将区块链的加密、不可篡改、点对点传输和共识算法技术添加到应用程序中，开发出去中心化的应用程序 DAPP。Web3.0 将更加以人为本，更加倾向于保护隐私，将数据回归到个人所有，逐渐摆脱中心化机构的控制。在 Web3.0 中，价值转移将是去中心化的、全球性的、自由的。中国互联网发展阶段见表 1-2。

表 1-2 中国互联网发展阶段

发展阶段	表现特征
学术牵引期	互联网从美国引入中国的阶段。在这一阶段，中国政府及科研单位经过数年的努力，推动互联网从信息检索到全功能接入，再到商业化探索。
探索成长期	逐步建立普通大众对互联网的认知度和接受度，稳步成长。在这一时期，我国最早一批互联网公司相继成立，热情高涨，一路高歌，不畏互联网泡沫期带来的考验，努力探索互联网的商业模式。

发展阶段	表现特征
快速发展期	该阶段成熟的互联网商业模式已经建立，以"内容为王"的时代慢慢过去，开始转向"关系为王"的 Web2.0。互联网的角色关系也开始转变，内容的缔造者不再只是网站，个体用户也可以参与其中，并逐步通过内容来拓展自己的关系链，也就是我们常说的 SNS 时代。
成熟繁荣期	该阶段正是我们目前经历的成熟的互联网阶段。从微博的盛行到 2012 年移动互联网的爆发，移动应用与消息流型社交网络并存，真正体现了互联网的社会价值和商业价值，呈现出空前繁荣的景象。

三、新一代信息技术阶段

与前面两个阶段是由重大发明创造引领不同，新一代信息技术阶段是以集成应用为主，是数字技术加速与经济社会全方位深度融合的阶段。《国务院关于加快培育和发展战略性新兴产业的决定》（国发〔2010〕32 号）首先提出了"新一代信息技术"的概念，但这一阶段准确的开始时间很难划分。从整个数字技术发展历史来看，2016 年是计算机发明 70 周年，是人工智能提出 60 周年，是光纤通信提出 50 周年，是微处理器发明 45 周年，是量子计算机提出 35 周年，是电子商务提出 20 周年，也是云计算提出 10 周年，这些事实充分说明，将2016 年作为迈入新一代信息技术阶段的开始时间具有标志性意义（图 1-2）。

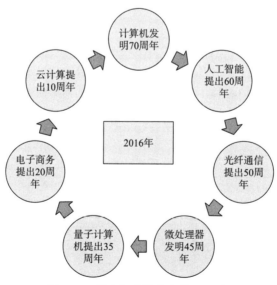

图 1-2　具有标志性意义的 2016 年

2016 年 7 月 27 日，中共中央办公厅、国务院办公厅印发《国家信息化发展战略纲要》；2016 年 9 月 4 日—5 日在中国杭州召开的 G20 峰会，发布了全球第一个由多国领导人共同签署的数字经济文件——《二十国集团数字经济发展与合作倡议》，推动 G20 成员在提高数字包容性、消除各类数字鸿沟方面达成共识。2017 年，中国工程院院士、中国互联网协会理事长邬贺铨院士在中国（上海）国际物联网大会上的开场主题报告中提道，我们现在来到一个大智移云的新时代，下一代互联网、云计算、大数据、人工智能、区块链都能和物联网很好地融合，计算无处不在，软件定义一切，网络包容万物，连接随手可及，宽带永无止境，智慧点亮未来。战略性新兴产业见表 1-3。

表 1-3　战略性新兴产业

产业类别	发展方向
节能环保	重点开发推广高效节能技术装备及产品，实现重点领域关键技术的突破，带动能效整体水平的提高。加快资源循环利用关键共性技术的研发和产业化示范，提高资源综合利用水平和再制造产业化水平。示范推广先进环保技术装备及产品，提升污染防治水平。推进市场化节能环保服务体系建设。加快建立以先进技术为支撑的废旧商品回收利用体系，积极推进煤炭清洁利用、海水综合利用。
新一代信息技术	加快建设宽带、泛在、融合、安全的信息网络基础设施，推动新一代移动通信、下一代互联网核心设备和智能终端的研发及产业化，加快推进"三网"融合，促进物联网、云计算的研发和示范应用。着力发展集成电路、新型显示、高端软件、高端服务器等核心基础产业。提升软件服务、网络增值服务等信息服务能力，加快重要基础设施智能化改造。大力发展数字虚拟等技术，促进文化创意产业发展。
生物	大力发展用于防治重大疾病的生物技术药物、新型疫苗和诊断试剂、化学药物、现代中药等创新药物大品种，提升生物医药产业水平。加快先进医疗设备、医用材料等生物医学工程产品的研发和产业化，促进其规模化发展。着力发展生物育种产业，积极推广绿色农用生物产品，促进生物农业加快发展。推进生物制造关键技术开发、示范与应用。加快海洋生物技术及产品的研发和产业化。
高端装备制造	重点发展以干支线飞机和通用飞机为主的航空装备，做大做强航空产业。积极推进空间基础设施建设，促进卫星及其应用产业的发展。依托客运专线和城市轨道交通等重点工程建设，大力发展轨道交通装备。面向海洋资源开发，大力发展海洋工程装备。强化基础配套能力，积极发展以数字化、柔性化及系统集成技术为核心的智能制造装备。
新能源	积极研发新一代核能技术和先进反应堆，发展核能产业。加快太阳能热利用技术的推广应用，开拓多元化的太阳能光伏光热发电市场。提高风电技术装备水平，有序推进风电规模化发展，加快建设适应新能源发展的智能电网及运行体系。因地制宜开发利用生物质能。

续表

产业类别	发展方向
新材料	大力发展稀土功能材料、高性能膜材料、特种玻璃、功能陶瓷、半导体照明材料等新型功能材料。积极发展高品质特殊钢、新型合金材料、工程塑料等先进结构材料。提升碳纤维、芳纶、超高分子量聚乙烯纤维等高性能纤维及其复合材料的发展水平。开展纳米、超导、智能等共性基础材料的研究。
新能源汽车	着力突破动力电池、驱动电机和电子控制领域的关键核心技术，推进插电式混合动力汽车、纯电动汽车的应用和产业化。同时，开展燃料电池汽车相关前沿技术的研发，大力推进高能效、低排放节能汽车的发展。

信息网络基础设施优化升级工程

1. 推进光纤网络扩容提速。加快千兆网络部署，持续推进新一代超大容量、超长距离、智能调度的光传输网建设，实现城市地区和重点乡镇千兆光纤网络全面覆盖。

2. 加快 5G 网络规模化部署。推动 5G 独立组网（SA）规模商用，助推行业融合应用。

3. 推进 IPv6 部署应用。增强网络互联互通能力，提升基础设施业务承载能力和终端支持能力。

4. 加速空间信息基础设施升级。构建全球覆盖、高效运行的通信、遥感、导航空间基础设施体系。

第二节　科学内涵

从历次工业革命发展演化的规律来看，在核心技术的引领下，新的产业、基础设施、经济形态以及组织运行制度都在发生变化。四次工业革命如图 1-3 所示。

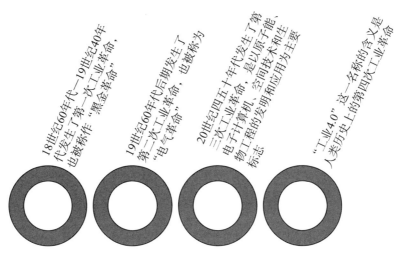

图 1-3 四次工业革命

18 世纪 60 年代—19 世纪 40 年代发生了第一次工业革命，也被称作"黑金革命"，以煤炭为主要燃料的蒸汽机的发明，用机器代替了手工劳动。从社会关系来说，工业革命使依附于落后生产方式的自耕农阶级消失了，工业资产阶级和工业无产阶级逐渐形成和壮大起来，加强了世界各地之间的联系，改变了世界的面貌。

19 世纪六七十年代后期发生了第二次工业革命，也被称为"电气革命"，新的运输工具是其标志性的发明，人类进入了"电气时代"，极大地推动了社会生产力的发展，对人类社会的经济、政治、文化、军事、科技和生产力产生了深远的影响。资本主义生产的社会化大大加强，垄断组织应运而生，这使得资本主义国家在经济、文化、政治、军事等各个方面的发展不平衡，帝国主义争夺市场经济和世界霸权的斗争更加激烈。第二次工业革命促进了世界殖民体系的形成，使得资本主义世界体系最终确立。

20 世纪四五十年代发生了第三次工业革命，是以原子能、电子计算机、空间技术和生物工程的发明和应用为主要标志，涉及信息技术、新能源技术、新材料技术、生物技术、空间技术和海洋技术等诸多领域，不仅极大地推动了人类社会经济、政治、文化领域的变革，而且也影响了人类的生活方式和思维方式。随着科技的不断进步，人类的衣、食、住、行、用等日常生活的各个方面也在发生重大变革。与此同时，这加剧了资本主义各国发展的不平衡，使资本主义各国的国际地位发生了新变化，促进了世界范围内社会生产关系的变化。

"工业4.0"这一名称的含义是人类历史上的第四次工业革命。这个概念最早出现在德国，于2013年的汉诺威工业博览会上正式推出，是以人工智能、机器人技术、虚拟现实、量子信息技术、可控核聚变、清洁能源以及生物技术为突破口的工业革命。第四次工业革命实现的是"科技—产业—基础设施—经济—制度"的体系化创新，其最重要的驱动力仍然是数字科技。

数字化时代的一大特征就是将数据作为生产要素，随着工业革命的发生，资本和技术成了重要的生产要素，资本的引进加速了工业化生产规模的扩大，技术的螺旋上升激发了新工业爆炸式增长。2019年10月，十九届四中全会第一次提出将"数据"作为生产要素；2020年，"新基建"首次被写入政府工作报告，正式上升到国家战略层面，预示着产业数字化这一新兴市场已经打开。根据中国信通院的数据，我国数字经济规模从2002年1.22万亿元增长到2018年31.29万亿元，累计增长2465%，复合增速22.47%。数字经济增速远高于GDP增速，对应数字经济占GDP比重从2002年的10.04%提升到2018年的34.76%。这些数据可以解读为由于传统产业应用了数字科技带来了效益提升和商业模式的迭代。各大企业逐渐认识到了数字科技的重要性。那么，究竟什么是数字科技？有关数字科技的定义和科学内涵，有以下四个具有代表性的论述：

（1）中国科学院科技战略咨询研究院认为，数字科技是利用物理世界的数据（描述物理世界的符号集），建构与物理世界形成映射关系的数字世界，并通过算力和算法来生产有用的信息和知识，以指导和优化物理世界中经济和社会运行的科学技术。

（2）京东数科认为，数字科技的本质是以产业既有知识储备和数据为基础，以不断发展的前沿科技为动力，着力于"产业×科技"的无界融合，推动产业互联网化、数字化和智能化，最终实现降低产业成本、提高用户体验、增加产业收入和升级产业模式的目标。

（3）中国电子信息产业发展研究院、清华大学、国家发展和改革委员会经济体制与管理研究所认为，数字科技的内涵不仅是数字技术，而且是应用科技。数字科技在遵循产业既有生产规律的基础上，旨在为产业降本增效的多种核心科技手段的交叉融合。数字科技具备交叉引领、融合应用、快速复制、规模效益的特征，能够推动经济增长和经济结构优化，驱动产业降本增效和转型升级，提升数字化服务模式变革和消费体验。

（4）腾讯研究院发布的《融合2022年十大数字科技前沿应用趋势》对前述观点进行了系统总结：

结合中国科学院科技战略咨询研究院的观点，数字科技包括数字技术、数据科学以及两者之间的互动转化。

①数字技术：指借助一定的设备将各种信息（图、文、声、像等）转化为计算机能识别的二进制数字"0"和"1"后进行运算、加工、存储、传送、传播、还原的技术。

②数字科技化：数字技术需要依靠数据科学的基础学科和理论的突破进行下一轮升级。比如，未来的智能计算可能会突破现有的信息计算架构，迎来量子计算、生物计算时代。

③科技数字化：数据科学本身必须依赖数字技术的支撑才能形成和完善，以实现学科融合和知识自动化。在这个过程中，学科将不断融合，形成"融合科学"新范式。

④数据科学：指研究探索赛博空间中数据界奥秘的理论、方法和技术，研究的对象是数据界中的数据。

2021年9月28日，在第十届"五洲工业发展论坛"上，中国科学院科技战略咨询研究院科技发展战略研究所副所长王晓明分享了"数字科技"相关见解：数字科技＋产业数字化转型＋新基建正成为三位一体来支撑数字经济。"数字科技"主要是利用物理世界的数据通过算力和算法产生有用的信息和知识，并构建与物理世界形成映射关系的数字世界，来指导物理世界的社会运行的科学技术。"数字科技"往上连着产业、经济和社会的数字化转型，往下又连着传统的基础学科的分类。"数字科技"是连接科学、技术与产业的纽带和桥梁，也是构建国家未来数字经济的基础力量。

"数字科技"能够推动未来的社会发展，"数字科技"的发展呈现以下三个特征：

①成为汇聚学科创新的核心之一。特别是生物技术领域，如果没有数字技术和手段，无法取得突破。

②数字化创新正推动群体件的交叉融合和突破，这在学科上体现学科的交叉融合，在经济产业领域体现的是产业交叉融合。

③正在形成一个网络协同创新的模式。

前三次工业革命是从基础研究到新的技术产生，再到推动新的产品和产业变革和需求的应用，属于链式发展。第四次工业革命是需求应用和基础研究两者合力形成一个协同驱动的创新特征，短周期、快速迭代是这个领域创新的主要模式。国内外数字科技主要类型发展简况见表1-4。

表 1-4 国内外数字科技主要类型发展简况

数字科技	国外	国内
人工智能	2021 年 3 月，美国人工智能国家安全委员会发布最终建议报告。	2017 年 7 月，国务院印发《新一代人工智能发展规划》，提出了开展人工智能标准框架体系研究的重要任务。
	2021 年 5 月，俄罗斯政府通过了为 AI 项目提供补贴等支持 AI 发展的两份政府决议。	2017 年 12 月，中华人民共和国工业和信息化部（工业和信息化部）印发《促进新一代人工智能产业发展三年行动计划（2018—2020 年）》，提出要建设人工智能产业标准规范体系，构建人工智能产品评估评测体系。
	2021 年 6 月，澳大利亚政府发布《人工智能行动计划》。	2020 年 7 月，中国国家标准化管理委员会（国家标准委）、中共中央网络安全和信息化委员会办公室（中央网信办）、中华人民共和国国家发展和改革委员会（国家发改委）、中华人民共和国科学技术部（科技部）、工业和信息化部联合印发《国家新一代人工智能标准体系建设指南》，形成标准引领人工智能产业发展的新格局。
	2021 年 6 月，日本内阁府提出《AI 战略 2021》草案。	
	2021 年 12 月，法国政府出台《人工智能国家战略》新计划。	
量子科技	2018 年，欧盟发布《量子技术旗舰计划》。	2021 年初，我国基于"墨子号"量子卫星与量子保密通信"京沪干线"成功构建出天地一体化广域量子通信网络，是量子通信领域"巨大的工程性成就"。
	2018 年，德国通过《量子技术：从基础到市场》。	2021 年 6 月，中国科学技术大学基于双场量子密钥分发的实现方式，于"济青干线"现场光缆环境中实现了 428 公里和 511 公里的远距离传输。
	2019 年，美国颁布《国家量子计划法案》。	2021 年 5 月，中国科学技术大学潘建伟团队成功研制出 62 比特可编程超导量子计算原型机"祖冲之号"。同年 10 月，"祖冲之二号"面世。
	2020 年，日本出台《量子技术创新战略》。	
	2020 年 10 月，英国国防部发布《2020 年科技战略》。	

续表

数字科技	国外	国内
5G/6G	2021 年 1 月，新加坡宣布投入 3000 万新元推进 5G 解决方案的应用及商业化。	2022 年 1 月 4 日，中国紫金山实验室发布了面向 6G 的太赫兹 100/200Gbps 实时无线通信重大成果，为目前世界上公开报道的太赫兹实时无线通信的最高实时传输纪录。
	2021 年 3 月，欧盟委员会发布《2030 数字罗盘：欧洲数字十年之路》计划。	2021 年 1 月，工信部发布的《工业互联网创新发展行动计划（2021—2023 年）》中提出网络体系强基行动，持续推进"5G＋工业互联网"融合应用。
	2021 年 4 月，德国启动首个 6G 技术的研究项目，并随后成立 4 个 6G 研究中心。	2021 年 7 月，工信部、中央网信办、国家发改委等部门印发《5G 应用"扬帆"行动计划（2021—2023 年）》，助力标准化工作的加速推进。
	2021 年 6 月，韩国公布"6G 研发实行计划"研发 6G 核心技术。	
	2021 年 7 月，法国政府启动 5G 和未来电信网络技术加速战略。	
	2021 年 8 月，韩国宣布"5G＋融合服务扩散战略"。	
高性能计算	韩国制定了到 2030 年的高性能计算中长期发展战略——《国家超高性能计算创新战略》。	2021 年 3 月，我国"十四五"规划明确提出，要"加快构建全国一体化大数据中心体系，强化算力统筹智能调度，建设若干国家枢纽节点和大数据中心集群，建设 E 级和 10E 级超级计算中心"。2021 年 11 月公布的全球超级计算机 500 强榜单中，我国"神威·太湖之光"和"天河二号"分别排名第四和第七。在总量方面，中国共有 173 台超算上榜，上榜数量连续第 9 次位居第一，美国以 150 台位列第二。
	法国国际关系研究所发布《战略计算：高性能计算以及量子计算在欧洲寻求技术力量中的作用》报告。	
	欧洲能源研究联盟"能源数字化"计划发布《能源数字化战略研究与创新议程》。	2022 年 2 月，国家发改委批复同意在京津冀、长三角、粤港澳大湾区、成渝、内蒙古、贵州、甘肃、宁夏启动建设国家算力枢纽节点，并规划了 10 个国家数据中心集群。至此，全国一体化大数据中心体系完成总体布局设计，代表着"东数西算"工程正式全面启动。
	2021 年 10 月，美国科学技术委员会发布《国家战略计算储备蓝图》。	

数字科技	国外	国内
区块链	欧盟"数字欧洲"计划启动"欧洲区块链技能"4年期项目。	2021年3月,区块链作为新兴数字产业被纳入我国"十四五"规划纲要。
	美国陆续发布《2021区块链促进法案》《区块链创新法案》《2021区块链技术协调法案》。	2021年10月,工信部、中央网信办联合发布国家首个部委级别的区块链专项政策——《关于加快推动区块链技术应用和产业发展的指导意见》。
	阿拉伯货币基金组织发布《阿拉伯国家采纳DLT/区块链技术战略》指导框架。	2021年,全球区块链行业专利申请数量为18931项,我国区块链申请量达15985项,占全球申请总量的84%,位居第一。2021年共落地区块链项目151个,全国近31个省市实现了区块链应用落地。(数据来源:零壹智库)

中国数字发展指数报告摘要（2021）

全国数字发展指数实现线性增长。2012—2020年,中国数字发展指数呈现逐年上升的趋势,由1000上升至2810.75,年复合增速为13.79%,远超同期GDP增速。在数字产业化、产业数字化、数字科技三个方面,产业数字化贡献尤为突出。

全国数字产业化指数逐年稳步上升。中国数字产业化指数逐年稳步上升,由2012年的1000增长至2020年的2126.50,年复合增长率达到9.89%。其中,电信业务支撑能力大幅提升,软件行业发展较快。

全国产业数字化实现倍速增长。2012—2020年,中国产业数字化指数逐年稳步上升,由2012年的1000增长至2020年的3480.79,年复合增长率达到16.87%。其中,数字化供销指数由2012年的1000上升至2020年的3830.26;数字化生产指数由2012年的1000上升至2020年的3161.34。

全国数字科技转向高质量发展。中国数字科技指数大幅增长,由2012年的1000增长至2020年的3658.56,年复合增长率达17.6%。其中,数字科技企业指数由2012年的1000增长至2020年的2551.94;数字科技创新指数由2013年的1000增长至2020年的11131.24。

　　分地区看，东部地区优势明显，西部地区努力追赶。广东数字发展领先，安徽数字发展增速最快。在数字产业化、产业数字化和数字科技指数方面，江苏数字产业化指数领跑全国，四川数字产业化指数成绩亮眼；广东产业数字化表现抢眼，浙江产业数字化名列前茅；广东数字科技发展全国第一，北京数字科技发展全国第二。

　　究其原因，无论是全国，还是广东、安徽、江苏、四川、浙江、北京，2012—2020 年，其数字经济的快速发展得益于良好的经济发展支撑、持续的政策支持、活跃的企业创新等因素。

（数据来源：零壹智库）

数据质量提升工程

　　1. 提升基础数据资源质量。持续完善国家基础数据资源库建设、管理和服务。

　　2. 培育数据服务商。支持社会化数据服务机构发展，依法依规开展公共资源数据、互联网数据、企业数据的采集、整理、聚合、分析等加工业务。

　　3. 推动数据资源标准化工作。

数据要素市场培育试点工程

　　1. 开展数据确权及定价服务实验。探索建立数据资产登记制度和数据资产定价规则，试点开展数据权属认定。

　　2. 推动数字技术在数据流通中的应用。鼓励企业、研究机构等主体基于区块链等数字技术探索数据授权使用、数据溯源等应用，提升数据交易流通效率。

　　3. 培育发展数据交易平台。

第二章　常见类型与特性分布

党的十八大以来，中央政治局多次围绕信息时代前沿问题进行集体学习，直接相关的就有近十次之多，而每一次主题学习都与数字科技的应用相关联。中央政治局集体学习数字科技相关前沿问题历程如图 2-1 所示。

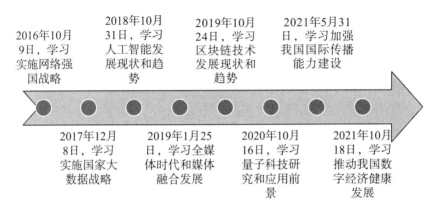

图 2-1　中央政治局集体学习数字科技相关前沿问题历程

数字科技是基于物理世界和数字世界映射互动的体系而提炼的一个新概念，是当今世界上创新速度最快、通用性最广、渗透性和引领性最强的领域之一。数字科技创新正加速推动学科创新、研究新范式、科学新发现、产业新模式等的变革。本章主要介绍人工智能（Artificial Intelligence）、量子科技、"5G+工业互联网"、区块链、高性能计算等数字科技的常见类型与特性分布。

第一节　常见类型

当前，数字科技正逐渐渗透到经济社会的方方面面，一个更加智能泛在、虚实共生的时空正在全面展开，一个与物理世界深度融合的数字世界正向我们走来。数字科技将成为未来各行业发展的新动能，推动我国经济向更高的质量发展。因此，对数字科技的常见类型进行系统深入的了解有着重要的意义。

一、人工智能

人工智能是 20 世纪 50 年代中期兴起的一个新型研究领域，其既是计算机科学的一个分支，又是计算机科学、控制论、信息论、语言学、神经生理学、心理学、数学、哲学等多种学科相互渗透而发展起来的综合性学科。人工智能从其产生开始，就表现出强大的生命力，即引发了思维变革，人脑不再被视为唯一的智能体。人工智能应用于人类生产与生活过程中，深刻地改变了人类的生产和生活方式，延伸了人脑的功能，实现了脑力劳动的自动化，并极大地延展了人的本质力量，开拓了解放人类智能的道路。我国人工智能大致经历了以下四个阶段（图 2-2）：

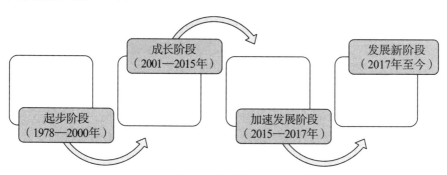

图 2-2　我国人工智能经历的四个阶段

（一）起步阶段（1978—2000 年）

1978 年 3 月 18 日至 31 日，中共中央、国务院在北京人民大会堂隆重召开了全国科学大会。这次大会提出了"向科学技术现代化进军"的战略决策，鼓励了广大科技人员解放思想，推动了人工智能的研究和发展，是中国科技发展史上一次具有里程碑意义的盛会。

"智能模拟"在 1978 年成为国家计划的一部分，尽管国内人工智能的发展比较滞后，但截至 2000 年，我国不断地加大对人工智能相关领域的研发项目的支持，并先后成立了中国自动化学会模式识别与机器智能专业委员会（1981 年）、中国人工智能学会（1981 年）等学术团体。

20 世纪 90 年代初，钱学森在阅读文献时注意到了"Virtual Reality"（虚拟现实技术），将之命名为"灵境"。其基本实现方式是：计算机通过模拟虚拟环境而带给人难以辨别的真实感和沉浸感，让用户可以在虚拟世界体验到真实的感觉。他认为，智能计算机技术还是一个突出探索的课题，与其相信外国人，不如加强自主研发的力度。对于中国自主创新的人工智能方案，钱学森提出了两方面的主要思路。其一是建立中国人工智能研究的理论基础——思维科学，其二是走人机结合的智能体系这一发展路径。由于钱学森等学者的主张，中国人工智能研究进一步活跃起来。

为加强我国人工智能课程学习的理论基础，我国还出版了第一部拥有自主知识产权的人工智能专著——《人工智能及其应用》，推动了人工智能在我国的传播和发展。人工智能会议的召开、国家发展规划的部署、学术刊物的发行等，都表明我国人工智能的发展已开始起步，并逐步走向正轨。在国家相关政策的支持下，也取得了一些成果，为我国人工智能的发展奠定了基础。

（二）成长阶段（2001—2015 年）

进入 21 世纪，人工智能技术飞速成长。相较上一阶段，政策支持力度加大，技术水平逐步提升，投资力度增加，多项人工智能场景开始应用。互联网技术的迅猛发展，更为我国人工智能的发展提供了相关技术支持。

关于对人工智能的政策鼓励和支持方面，获得国家基金计划（包括"973"计划、"863"计划、工信部重大项目、国家自然科学基金重大项目、科技攻关项目等）支持的智能系统与人工智能课题越来越多。

随着信息技术和互联网技术快速发展，人工智能的技术水平得到提升。与此同时，百度等搜索引擎随之诞生，人们在搜索过程中形成的资源和信息也得到了积累，为机器学习理论和技术的发展提供了坚实的基础，随后的诸如购买意向预测等推荐系统也应运而生，并得到了长效发展。在成长阶段，人工智能逐渐注重理论研究和实际应用相结合，人工智能在向其他领域逐步深入融合的过程中实现了快速有益的成长。譬如，放射源操作、移动印刷、切割、激光焊接、涂胶等方面投入使用机器人在很大程度上提高了生产效率，解放了人们的双手，同时，减少了操作事故的发生。

在成长阶段，我国人工智能得到了长效发展，无论是在企业转型、技术发展，还是在实际应用方面都取得了进步，为促进下一阶段人工智能的发展提供了动力支持。

（三）加速发展阶段（2015- 2017 年）

2015 年以来，人工智能在国内获得了快速发展，国家相继出台了一系列政策支持人工智能的发展，推动中国人工智能步入了新阶段。在 2015 年 7 月，国务院发布《关于积极推进"互联网＋"行动的指导意见》，将"互联网＋人

工智能"列为其中 11 项重点行动之一；2016 年 3 月，"人工智能"一词写入
国家"十三五"规划纲要；2016 年 5 月，发布《"互联网＋"人工智能三年行
动实施方案》发布，提出到 2018 年的发展目标；2017 年 3 月，"人工智能"
首次被写入全国政府工作报告；2017 年 7 月，国务院正式印发《新一代人工
智能发展规划》，明确了我国新一代人工智能"三步走"的战略目标，人工智
能的发展至此上升到国家战略层面；2017 年 10 月，"人工智能"被写入党的
十九大报告；2017 年 12 月，发布《促进新一代人工智能产业发展三年行动计
划（2018—2020 年)》，作为对《新一代人工智能发展规划》的补充，从各个
方面详细规划了人工智能在未来三年的重点发展方向和目标，每个方向到
2020 年的目标都做了非常细致的量化，足以看出国家对人工智能产业化的重
视。加速发展阶段国家人工智能政策汇总见表 2－1。

表 2－1　加速发展阶段国家人工智能政策汇总

时间	政策名称	政策内容
2015 年 5 月	《中国制造 2025》	加快推动新一代信息技术与制造技术融合发展，把智能制造作为两化深度融合的主攻方向；着力发展智能装备和智能产品，推进生产过程智能化。
2015 年 7 月	《关于积极推进"互联网＋"行动的指导意见》	将人工智能列为其中 11 项重点行动之一。具体行动：培育发展人工智能新兴产业，推进重点领域智能产品创新，提升终端产品智能化水平。主要目标是：加快人工智能核心技术突破，促进人工智能在智能家居、智能终端、智能汽车、机器人等领域的推广应用。
2016 年 3 月	《中华人民共和国国民经济和社会发展第十三个五年规划纲要》	加快信息网络新技术开发应用，重点突破大数据和云计算关键技术、自主可控操作系统、高端工业和大型管理软件、新兴领域人工智能技术，"人工智能"写入"十三五"规划纲要。
2016 年 4 月	《机器人产业发展规划（2016—2020 年)》	到 2020 年，自主品牌工业机器人年产量达到 10 万台，六轴及以上工业机器人年产量达到 5 万台以上。服务机器人年销售收入超过 300 亿元，工业机器人主要技术指标达到国外同类产品水平，机器人用精密减速器、伺服电机及驱动器等关键零部件取得重大突破。
2016 年 8 月	《"十三五"国家科技创新规划》	发展新一代信息技术，其中在人工智能方面，重点发展大数据驱动的类人智能技术方法，在基于大数据分析的类人智能方向取得重要突破。

时间	政策名称	政策内容
2016 年 9 月	《智能硬件产业创新发展专项行动（2016—2018 年）》	重点发展智能穿戴设备、智能车载设备、智能医疗健康设备、智能服务机器人、工业级智能硬件设备等。
2016 年 12 月	《"十三五"国家战略性新兴产业发展规划》	发展人工智能，培育人工智能产业生态，推动人工智能技术向各行业全面融合渗透。具体包括：加快人工智能支撑体系建设；推动人工智能技术在各领域的应用，鼓励各行业加强与人工智能融合，逐步实现智能化升级
2017 年 3 月	2017 年《国务院政府工作报告》	"人工智能"首次被写入国务院政府工作报告：一方面，要加快培育新材料、人工智能、集成电路、生物制药、第五代移动通信等新兴产业；另一方面，要应用大数据、云计算、物联网等技术加快改造提升传统产业，把发展智能制造作为主攻方向。
2017 年 7 月	《新一代人工智能发展规划》	确定我国新一代人工智能"三步走"的战略目标，人工智能的发展上升到国家战略层面。到2020 年，我国人工智能技术和应用与世界先进水平同步，人工智能核心产业规模超过 1500 亿元，带动相关产业规模超过 1 万亿元；2025 年，人工智能基础理论实现重大突破，部分技术与应用达到世界领先水平，核心产业规模超过 4000 亿元，带动相关产业规模超过 5 万亿元；2030 年，人工智能理论、技术与应用总体达到世界领先水平，核心产业规模超过 1 万亿元，带动相关产业规模超过 10 万亿元。
2017 年 10 月	党的十九大报告《决胜全面建成小康社会 夺取新时代中国特色社会主义伟大胜利》	"人工智能"被写入党的十九大报告，推动互联网、大数据、人工智能和实体经济深度融合。
2017 年 12 月	《促进新一代人工智能产业发展三年行动计划（2018—2020 年）》	从推动产业发展的角度出发，结合"中国制造2025"，对《新一代人工智能发展规划》相关任务进行了细化和落实，以信息技术与制造技术深度融合为主线，以新一代人工智能技术的产业化和集成应用为重点，推动人工智能和实体经济深度融合。

政策的实施和企业的投资促进了人工智能技术的发展，促使人工智能产品的应用范围更加广泛。从影响的角度来讲，在加速发展阶段，人工智能技术的进步为下一阶段人工智能的发展打下了坚实的基础。

（四）发展新阶段（2017 年至今）

人工智能的迅速发展正深刻影响人类社会生活。经过六七十年的演进，特别是在移动互联网、大数据、超级计算、传感网、脑科学等新理论、新技术以及经济社会发展的强烈需求的共同驱动下，人工智能加速发展，呈现出深度学习、跨界融合、人机协同、群智开放、自主操控等新特征。人工智能发展进入新阶段。

《新一代人工智能发展规划》指出，国家部署了智能制造等国家重点研发计划重点专项，印发实施了"互联网＋"人工智能三年行动实施方案，从科技研发、应用推广和产业发展等方面提出了一系列措施。经过多年的持续积累，我国在人工智能领域取得重要进展，国际科技论文发表量和发明专利授权量已居世界第二，部分领域核心关键技术实现重要突破。语音识别、视觉识别技术世界领先，自适应自主学习、直觉感知、综合推理、混合智能和群体智能等初步具备跨越发展的能力，中文信息处理、智能监控、生物特征识别、工业机器人、服务机器人、无人驾驶逐步进入实际应用，人工智能创新创业日益活跃，一批龙头骨干企业加速成长，在国际上获得广泛关注和认可。加速积累的技术能力与海量的数据资源、巨大的应用需求、开放的市场环境有机结合，形成了我国人工智能发展的独特优势。

人工智能发展进入新阶段，人工智能成为国际竞争的新焦点、经济发展的新引擎、社会建设的新机遇。同时，也要清醒地看到，人工智能发展的不确定性会带来新挑战。我国人工智能整体发展水平与发达国家相比仍存在差距，缺少重大原创成果，在基础理论、核心算法以及关键设备、高端芯片、重大产品与系统、基础材料、元器件、软件与接口等方面差距较大；科研机构和企业尚未形成具有国际影响力的生态圈和产业链，缺乏系统的超前研发布局；人工智能尖端人才远远不能满足需求；适应人工智能发展的基础设施、政策法规、标准体系亟待完善。

面对新形势、新需求，必须主动求变应变，牢牢把握人工智能发展的重大历史机遇，紧扣发展、研判大势、主动谋划、把握方向、抢占先机，引领世界人工智能发展新潮流，服务经济社会发展和支撑国家安全，带动国家竞争力整体跃升和跨越式发展。

其也明确了人工智能发展的战略目标，即分三步走：

第一步，到 2020 年人工智能总体技术和应用与世界先进水平同步，人工智能产业成为新的重要经济增长点，人工智能技术应用成为改善民生的新途径，有力支撑进入创新型国家行列和实现全面建成小康社会的奋斗目标。

第二步，到 2025 年人工智能基础理论实现重大突破，部分技术与应用达到世界领先水平，人工智能成为带动我国产业升级和经济转型的主要动力，智能社会建设取得积极进展。

第三步，到 2030 年人工智能理论、技术与应用总体达到世界领先水平，成为世界主要人工智能创新中心，智能经济、智能社会取得明显成效，为跻身创新型国家前列和经济强国奠定重要基础。

发展新阶段国家人工智能政策汇总见表 2－2。

表 2－2　发展新阶段国家人工智能政策汇总

时间	政策名称	政策内容
2018 年 3 月	《2018 年国务院政府工作报告》	人工智能再次被列入国务院政府工作报告：加强新一代人工智能研发应用；在医疗、养老、教育、文化、体育等多领域推进"互联网＋"；发展智能产业，拓展智能生活。
2018 年 4 月	《高等学校人工智能创新行动计划》	到 2020 年，基本完成适应新一代人工智能发展的高校科技创新体系和学科体系的优化布局，高校在新一代人工智能基础理论和关键技术研究等方面取得新突破，人才培养和科学研究的优势进一步提升，并推动人工智能技术广泛应用。
2018 年 11 月	《新一代人工智能产业创新重点任务揭榜工作方案》	通过在人工智能主要细分领域选拔领头羊、先锋队，树立标杆企业，培育创新发展的主力军，加快我国人工智能产业与实体经济深度融合。
2019 年 3 月	《2019 年国务院政府工作报告》	将人工智能升级为"智能＋"，要推动传统产业改造提升，特别是要打造工业互联网平台，拓展"智能＋"，为制造业转型升级赋能。要促进新兴产业加快发展，深化大数据、人工智能等研发应用，培育新一代信息技术、高端装备、生物医药、新能源汽车、新材料等新兴产业集群，壮大数字经济。
2019 年 3 月	《关于促进人工智能和实体经济深度融合的指导意见》	把握新一代人工智能的发展特点，结合不同行业、不同区域的特点，探索创新成果应用转化的路径和方法，构建数据驱动、人机协同、跨界融合、共创分享的智能经济形态。
2019 年 6 月	《新一代人工智能治理原则——发展负责任的人工智能》	突出了发展负责任的人工智能这一主题，强调了和谐友好、公平公正、包容共享、尊重隐私、安全可控、共担责任、开放协作、敏捷治理八条原则。

续表

时间	政策名称	政策内容
2020 年 7 月	《国家新一代人工智能标准体系建设指南》	到 2021 年，明确人工智能标准化顶层设计，研究标准体系建设和标准研制的总体规则，明确标准之间的关系，指导人工智能标准化工作的有序开展，完成关键通用技术、关键领域技术、伦理等 20 项以上重点标准的预研工作。到 2023 年，初步建立人工智能标准体系，重点研制数据、算法、系统、服务等急需标准，并率先在制造、交通、金融、安防、家居、养老、环保、教育、医疗健康、司法等重点行业和领域进行推进。建设人工智能标准试验验证平台，提供公共服务能力。
2021 年 7 月	《新型数据中心发展三年行动计划（2021—2023 年）》	推进新型数据中心发展，构建以新型数据中心为核心的智能算力生态体系，发挥对数字经济的赋能和驱动作用。
2021 年 9 月	《新一代人工智能伦理规范》	将伦理道德融入人工智能全生命周期，为从事人工智能相关活动的自然人、法人和其他相关机构等提供伦理指引。

二、量子科技

随着量子科技上升为国家战略，公众也对"量子"一词产生了极大的兴趣，但对于量子概念及由这一概念衍生的事物却是一知半解。什么是量子科技？具体会应用到什么地方？会给我们的生活和工作带来什么样的改变？简单地说，支撑量子科技的是量子力学，而量子力学可以说是 21 世纪最前沿、最有价值、最值得期待的科学之一。我们先要了解量子科技的基本概念。量子是现代物理的重要概念，最早是由德国物理学家普朗克于 1900 年提出的。通俗地讲，量子是一种物质或能量的统称，也就是说其不代表某种具体的粒子，而代表具有量子特性的一类粒子。譬如，光子作为光的最小单位，电子作为电的最小单位，都可以统称为量子。

从学术的角度讲，量子至少有三重含义。第一重含义就是普朗克提出的量子论，他认为能量是非连续的，有一个最小的单位，并将其称为量子。例如，我们调查人口数量时，都会默认一个客观事实：人口数目的最小单位就是 1，人口总数只会是 1 的整数倍，不可能出现小数。量子也是一样的道理。第二重含义则是把量子当成一个形容词，指代某些遵循量子力学规律而运行的事物，

　　如量子计算、量子信息。此外，科学家把一些微观的基本粒子，如希格斯玻色子等也叫作量子，这就是量子的第三重含义。

　　如果说人们在熟知的宏观世界里更多关注的是确定性问题，那么在量子世界里最基本的特性则是不确定性，要搞清楚量子世界的不确定性特征，需要认识量子世界的四个基本原理。

　　第一个基本原理是叠加态原理，指一个量子系统可以处在不同量子态的叠加态上，在未观察之前，量子处于叠加态，只有在观察之后，量子的态才被确定下来，且在所有可能的态中，确定下来的态是随机的。在量子世界里，一切物质的本质就是叠加态。而在宏观世界里讨论一个物体，通常是非黑即白的，量子世界根本不存在非黑即白的物体，典型的实验是薛定谔的猫。薛定谔设想了一个关于猫的思想实验，想象将一只猫放在一个密闭的盒子里，并设置一个在半小时内有 50% 的概率杀死猫的装置。那么，一个小时后这只猫是什么状态呢？按照常识，这只猫可能死了，也可能还活着。但是，薛定谔根据量子力学提出：在盒子打开之前，这只猫处于死亡与生存的叠加状态，只有在打开盒子时，才知道猫是死是活。尽管听起来很荒诞，但这正是量子力学的基础理论。

　　第二个基本原理是测不准原理：根据量子力学原理，粒子的位置和速度不能同时被精确地测量，这是波尔受海森堡的启发总结出来的。人为什么能看到观察结果，本质上是因为被观察物质反射了光子到我们的视网膜上。光子也是量子，一旦测准了被观察物质的位置，它的运动轨迹就会发生改变，即观察行为干扰了物质的运动。

　　第三个基本原理是观察者效应，虽然一切事物都是多种可能的叠加态，但只要进行观测，就必然会坍缩成为一个确定无疑的结果。典型实验就是双缝实验：光就是一种微小的粒子在空中传播，其传播途径类似于水中的波纹。搞清楚光的特性之后，科学家将会研究光传播的规律，于是在这个实验的基础上进行了改进，以此来帮助科学家更好地了解光的特点。一开始，科学家通过仪器把光子一粒粒发射出来，之后穿过两个缝隙投射在一个面板上。光子均匀地穿透了缝隙，并形成了干涉，和科学家料想的一样。接下来，科学家准备了特制的相机，对光子的传播进行拍摄，以找出其运行规律。当摄像机打开时，光子似乎意识到人类在进行拍摄，马上改变了传播轨迹。投射出去的两束光变为了一束，此时光的波纹特性消失，只保留了粒子特性。科学家关闭了摄像机，继续重复刚才的实验。此时的光又开始变为两竖，并产生干涉，呈现出波纹与粒子的双重特性。这就是本质上是叠加态的实物经过观察后会坍缩成为一个确定无疑的结果，而产生了所谓的观察者效应。

第四个基本原理是量子纠缠，处于纠缠状态的粒子即使相隔数光年，也具有相互联系的特性。爱因斯坦的相对论曾指出，任何物体的速度都无法超过光速。但量子纠缠的传递速度是可以超过光速的。总之，在量子世界里，有很多东西和宏观世界是大相径庭的。

那么，研究量子力学有哪些现实意义和应用领域呢？

量子科技主要在量子计算、量子通信以及量子测量领域发挥作用。我国拥有全球首颗量子通信卫星和首条量子保密通信干线，在量子通信方面一直处于世界领先地位。2021 年初，我国宣布基于"墨子号"量子卫星与量子保密通信"京沪干线"成功构建出天地一体化广域量子通信网络，实现跨越 4600 公里的星地量子密钥分发，是量子通信巨大的工程性成就。2021 年 6 月，中国科学技术大学基于双场量子密钥分发的实现方式，于"济青干线"现场光缆环境中实现了 428 公里和 511 公里的远距离传输。

科学家希望把量子纠缠或是量子叠加的状态作为一种有用的资源用于信息产业中，如制造量子计算机。传统的计算机是利用电流信号传递信息的，这会面临一个极限的问题。例如，现在计算机的芯片都越做越小，但当芯片小到一定程度时，电子的热效应就会凸显出来，因此我们不可能把芯片做到无限小，这就决定了传统计算机的运算上限。而量子计算机可以利用量子的叠加态实现并行运算，从而极大地缩短运算时间。比如，我们用传统计算机分解一个 300 位的大数，可能需要 15 万年的时间，而如果使用量子计算机，只需要一秒钟就可以计算出来。中国科学技术大学潘建伟团队经过一系列改进构建的"九章二号"光量子计算原型机处理特定问题的速度比超级计算机要快很多。超导量子计算机"祖冲之二号"在量子随机线路采样问题上的计算速度也比目前最快的超级计算机快一千万倍。

不过，现在的量子计算机还处于解决特定问题阶段，距离通用量子计算机还有很长距离。在未来，中等规模量子计算机有望在特定领域得到应用。

量子通信最大的优势就在于通信的安全程度和超远距离的传输效率上。在军用领域中，量子通信能够确保在军事上不惧电磁干扰和阻断干扰，可以很好地确保各种无人机设备的机动性更强，打击能力更精准；而在民用领域中，量子通信也体现出其绝对的安全特性。比如，数字货币的支付系统、移动支付、互联网和金融等通过应用量子科技来实现过程的安全性。

2021 年，国务院发布的《中华人民共和国国民经济和社会发展第十四个五年规划和 2035 年远景目标纲要》将量子信息作为事关国家安全和发展全局的基础核心领域。量子计算、量子通信和量子测量三大领域的科研探索和技术创新持续活跃，代表性研究成果亮点纷呈，应用场景探索广泛开展，产业生态培育方兴未艾。我国量子信息技术领域具备良好的研究和应用实践基础，三大领域总体发展良好，未来有望进一步取得更多的技术研究、应用探索和产业培育新成果。

三、"5G+工业互联网"

自 2017 年国务院发布《关于深化"互联网+先进制造业"发展工业互联网的指导意见》，到 2021 年工信部印发《工业互联网创新发展行动计划（2021—2023 年）》，在这三年时间内，关于工业互联网的政策相继出台，工业互联网建设逐渐驶入"快车道"。目前，我国工业互联网已应用于 45 个国民经济大类，涵盖研发设计、生产制造、营销服务等各个环节，产业规模超万亿元，已建成投用 160 多万个 5G 基站、五大标识解析顶级节点和 190 余个二级节点，高质量外网实现全国地市全覆盖，具有一定影响力的工业互联网平台超 150 家，连接工业设备达 7800 万台（套），服务工业企业超 160 万家。

工业互联网的概念是由美国通用电气公司（GE）于 2012 年首次提出。经近十年演变，工业互联网的定义升级为链接工业全系统、全产业链、全价值链，支撑工业智能化发展的关键基础设施，是新一代信息技术与制造业深度融合形成的新兴业态和应用模式，是互联网从消费领域向生产领域、从虚拟经济向实体经济拓展的核心载体。工业互联网已成为第四次工业革命的关键支撑，为经济社会数字化转型提供了动力，也是新型基础设施建设的重要内容之一。

2017—2021 年，中国工业互联网增加值规模、增速和占 GDP 比重情况（图 2-3）：2017—2020 年增加值规模分别为 2.35 万亿、2.79 万亿、3.20 万亿、3.57 万亿，占 GDP 比重分别为 2.83%、3.03%、3.24% 和 3.51%，2018 年到 2020 年增速分别为 18.72%、14.70%、11.56%，2021 年产业增加值规模达 4.13 万亿，增速达 15.69%，占 GDP 比重为 3.67%。2020 年，工业互联网带动第一产业、第二产业、第三产业的增加值规模分别为 0.056 万亿、1.817 万亿、1.697 万亿，较 2019 年增速为 19.15%、9.99%、13.28%；2021 年工业互联网带动三大产业增加值规模高速提升，工业互联网带动第一产业、第二产业、第三产业的增加值规模分别达 0.064 万亿、2.071 万亿、1.988 万亿（图 2-4）。工业互联网带动各行业的增加值规模持续提升，产业发展总体态势持续向好。

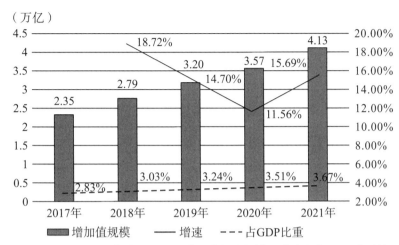

图2-6 2017—2021年中国工业互联网增加值规模、增速和占GDP比重情况

（资料来源：中国工业互联网研究院）

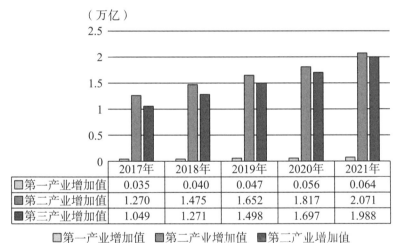

	2017年	2018年	2019年	2020年	2021年
第一产业增加值	0.035	0.040	0.047	0.056	0.064
第二产业增加值	1.270	1.475	1.652	1.817	2.071
第三产业增加值	1.049	1.271	1.498	1.697	1.988

□第一产业增加值 ■第二产业增加值 ■第二产业增加值

图2-4 2017—2021年工业互联网带动一、二、三产业增加值规模

（资料来源：中国工业互联网研究院）

　　5G新一代信息通信技术的应用给工业互联网提供了新引擎，二者的有效深入融合产生了新的数字科技，即"5G+工业互联网"。那么，"5G+工业互联网"是什么呢？应用场景如何？会给我们的世界带来什么改变呢？"5G+工业互联网"是指利用以5G为代表的新一代信息通信技术，构建与工业经济深度融合的新型基础设施、应用模式和工业生态。通过5G技术对人、机、物、系统等进行全面连接，构建覆盖全产业链、全价值链的全新制造和服务体系，为工业乃至产业数字化、网络化、智能化发展提供新的实现途径，助力企业实现降本、提质、增效、绿色、安全发展。2019—2021年我国工业互联网行业相关企业注册数量如图2-5所示。

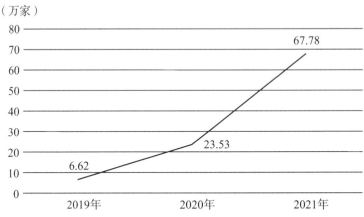

（万家）

图2-5　2019—2021年我国工业互联网行业相关企业注册数量

在"5G+工业互联网"的基础上，中海油惠州石化园区创新性地将双频双制式融合5G专网和工业互联网相结合，融合700MHz与2.6GHz的优势，比原有4G网络的覆盖范围更广、携带内容更多、传输速度更快，信号遇到障碍物可以"穿过去、迈过去"，实现数据稳定、高速的传输。中海炼化惠州石化有限公司由此建成并投用首个"双频5G+工业互联网"智能炼厂建设项目。中海炼化惠州石化有限公司在双频5G专网加持下，物联网、人工智能等数字技术与生产经营、安全管理深度融合，构建了基于"双频5G+工业互联网"智能炼厂，"双频5G+工业互联网"智能炼厂建设项目投用后，中海炼化惠州石化有限公司实现生产数据自动采集率超98%，设备预防性维修率超97%，工厂监控成本降低30%，生产事故发生率降低80%，工作效率和决策准确性都有极大的提高。

党的十九大报告在"加快建设创新型国家"部分，对建设网络强国、数字中国、智慧社会作出了战略部署。5G与工业互联网的融合将加速数字中国、智慧社会建设，加速中国新型工业化进程，为中国经济发展注入新动能。在数字中国、智慧社会建设和新型工业化发展进程中，"5G+工业互联网"将主要发挥基础性、聚合性、融合性作用，推动产业升级与行业转型。"5G+工业互联网"512工程实施以来，行业应用水平不断提升，从生产外围环节逐步延伸至研发设计、生产制造、质量检测、故障运维、物流运输、安全管理等核心环节，在电子设备制造、装备制造、钢铁、采矿、电力五个领域率先发展，培育形成协同研发设计、远程设备操控、设备协同作业、柔性生产制造、现场辅助装配、机器视觉质检、设备故障诊断、厂区智能物流、无人智能巡检、生产现场监测十大典型应用场景，助力企业降本提质和安全生产。

2021年，工信部发布的《工业互联网创新发展行动计划（2021—2023年）》中提出网络体系强基行动，持续推进"5G+工业互联网"融合应用。针对重点行业培育约30个典型应用场景。编制发布"5G+工业互联网"发展指数。深化"5G+工业互联网"的支持工业企业建设5G全连接工厂。2021年7月，工信部、中央网信办、国家发改委等十个部门印发《5G应用"扬帆"行动计划（2021—2023年）》助力标准化工作的加速推进。该计划提出，构建5G标准体系行动并开展5G应用标准体系构建及推广工程，到2023年底，形成基础共性和重点行业5G应用标准体系，完成30项以上的重点行业关键标准研制。

截至2021年11月，我国5G应用创新的案例已超1万个，覆盖22个国民经济重要行业，工业制造、采矿、港口等垂直行业应用场景加速落地，已由最初的以生产辅助类业务为主向设备控制、质量管控等核心业务拓展，是当前5G应用方案较为成熟的领域。"5G+工业互联网"国家层面政策一栏见表2-3。

表2-3 "5G+工业互联网"国家层面政策一栏

发布时间	政策文件	主要内容
2017年11月	《关于深化"互联网+先进制造业"发展工业互联网的指导意见》	以全面支撑制造强国和网络强国建设为目标，围绕推动互联网和实体经济深度融合，聚焦发展智能、绿色的先进制造业，构建网络、平台、安全三大功能体系，增强工业互联网产业供给能力，持续提升我国工业互联网发展水平，深入推进"互联网+"，形成实体经济与网络相互促进、同步提升的良好格局，有力推动现代化经济体系建设。
2018年4月	《工业互联网APP培育工程实施方案（2018—2020年）》	在总体目标上，力争到2020年底，面向特定行业、特定场景培育30万个工业APP，全面覆盖制造业关键业务环节的重点需求。在细化目标上，从培育基础、规模、质量和应用生态等方面提出了相应的发展目标。在培育基础方面，提出突破一批工业技术软件化共性关键技术，建成工业APP标准体系。在规模方面，提出示范企业关键业务环节工业技术软件化率达50%。在质量方面，提出形成一批高价值、高质量工业APP，以及具有国际竞争力的工业APP企业。在生态方面，提出初步形成工业APP市场化流通和可持续发展能力。

发布时间	政策文件	主要内容
2019 年 3 月	《工业互联网综合标准化体系建设指南》	到 2020 年，初步建立工业互联网标准体系，重点研制工厂内网、网络资源管理、边缘设备、异构标识互操作、工业大数据、工业微服务、工业 APP 开发部署、安全能力评估等产业发展急用标准。其中，研制"工业互联网体系架构"等基础共性标准 10 项以上，研制"工业互联网时间敏感网络技术要求""工业互联网 IPv6 地址分配技术要求""工业互联网标识解析体系要求""工业互联网平台功能架构""工业互联网工业 APP 要求""工业互联网网络安全总体要求"等总体标准 30 项以上，研制"工业互联网个性化定制分类指南"等应用标准 20 项以上，推进标准在重点企业、重点行业中的应用。
2019 年 11 月	《"5G＋工业互联网"512 工程推进方案》	明确到 2022 年，将突破一批面向工业互联网特定需求的 5G 关键技术，"5G＋工业互联网"的产业支撑能力显著提升；打造 5 个产业公共服务平台，构建创新载体和公共服务能力；加快垂直领域"5G＋工业互联网"的先导应用，内网建设改造覆盖 10 个重点行业；打造一批"5G＋工业互联网"内网建设改造标杆、样板工程；培育形成 5G 与工业互联网融合叠加、互促共进、倍增发展的创新态势，促进制造业数字化、网络化、智能化升级，推动经济高质量发展。
2020 年 3 月	《关于推动工业互联网加快发展的通知》	在新型基础设施建设方面，要改造升级工业互联网内外网络、增强完善工业互联网标识体系、提升工业互联网平台核心能力、建设工业互联网大数据中心，引领 5G 技术在垂直行业的融合创新，提升工业互联网基础设施和数据资源管理能力。在拓展融合创新应用方面，要积极利用工业互联网促进复工复产，深化工业互联网行业应用，促进企业上云上平台，同时加快工业互联网试点示范推广普及，遴选 100 个左右工业互联网试点示范项目。在健全安全保障体系方面，建立企业分级安全管理制度、完善安全技术监测体系、健全安全工作机制，以及加强安全技术产品创新，形成重点企业清单，实施差异化管理，指导网络安全公共服务平台为中小企业提供优质高效的安全服务。在壮大创新发展动能方面，要加快工业互联网创新发展工程建设，深入实施"5G＋工业互联网"512 工程，并总结形成可持续、可复制、可推广的创新模式和发展路径，通过打造一批工业互联网技术公共服务平台，加强关键技术产品供给能力。在完善产业生态布局方面，促进工业互联网区域协同发展、增强工业互联网产业集群能力、高水平组织产业活动，持续推进长三角工业互联网一体化发展示范区建设，培育具有区域优势的工业互联网产业集群。

续表

发布时间	政策文件	主要内容
2020 年 3 月	《关于推动 5G 加快发展的通知》	面向近期的产业和经济社会发展目标，坚持问题导向，聚焦"网络、应用、技术、安全"四个重点环节，以网络建设为基础，以赋能行业为方向，以技术创新为主线，以信息安全为保障，系统推进，充分发挥 5G 的规模效应和带动作用，积极构建"5G＋"新经济形态。
2020 年 5 月	《关于深入推进移动物联网全面发展的通知》	准确把握全球移动物联网技术标准和产业格局的演进趋势，推动 2G/3G 物联网业务迁移转网，建立 NB－IoT（窄带物联网）、4G（含 LTE－Cat1，即速率类别 1 的 4G 网络）和 5G 协同发展的移动物联网综合生态体系，在深化 4G 网络覆盖、加快 5G 网络建设的基础上，以 NB－IoT 满足大部分低速率场景需求，以 LTE－Cat1（以下简称 Cat1）满足中等速率物联需求和话音需求，以 5G 技术满足更高速率、低时延联网需求。到 2020 年底，NB－IoT 网络实现县级以上城市主城区普遍覆盖，重点区域深度覆盖；移动物联网连接数达 12 亿；推动 NB－IoT 模组价格与 2G 模组趋同，引导新增物联网终端向 NB－IoT 和 Cat1 迁移；打造一批 NB－IoT 应用标杆工程和 NB－IoT 百万级连接规模应用场景。
2020 年 7 月	《工业互联网专项工作组 2020 年工作计划》	重点工作有支持工业企业建设改造工业互联网内网络，具体措施为鼓励工业企业升级改造工业互联网内网，鼓励工业企业与基础电信企业合作，利用 5G 改造工业互联网内网。开展 IPv6 在交通行业推广应用的研究，推进 IPv6 在应急管理领域推广应用的研究。依申请协调批复 5G 工业互联网专网频率试验使用许可，适时出台物联网、工业互联网频率使用指南。建成国家工业互联网大数据中心，引导各地建设一批工业互联网大数据分中心。推动超高清视频、虚拟现实等技术在工业互联网领域融合应用。对于中小企业，提出要加快中小企业工业互联网应用普及速度，实施中小企业信息化推进工程，推进中小企业加快工业互联网应用。并提出年度目标成果为引导 20 家以上大型信息化服务商参与中小企业信息化推进工程。促进企业上云上平台，推动 40 万家企业上云上平台，应用工业互联网平台开展研发设计、生产制造、运营管理等服务。

续表

发布时间	政策文件	主要内容
2020 年 9 月	《建材工业智能制造数字转型行动计划（2021—2023 年)》	到 2023 年，建材工业信息化基础支撑能力显著增强，智能制造关键共性技术取得明显突破，重点领域示范引领和推广应用取得较好成效，全行业数字化、网络化、智能化水平大幅提升，经营成本、生产效率、服务水平持续改进，推动建材工业全产业链高级化、现代化、安全化，加快迈入先进制造业。
2020 年 10 月	《"工业互联网＋安全生产"行动计划（2021—2023 年)》	到 2023 年底，工业互联网与安全生产协同推进发展格局基本形成，工业企业本质安全水平明显增强。一批重点行业工业互联网安全生产监管平台建成运行，"工业互联网＋安全生产"快速感知、实时监测、超前预警、联动处置、系统评估等新型能力体系基本形成，数字化管理、网络化协同、智能化管控水平明显提升，形成较为完善的产业支撑和服务体系，实现更高质量、更有效率、更可持续、更为安全的发展模式。
2021 年 1 月	《工业互联网创新发展行动计划（2021—2023 年)》	到 2023 年，我国工业互联网新型基础设施建设量质并进，新模式、新业态大范围推广，产业综合实力显著提升；新型基础设施进一步完善、融合应用成效进一步彰显、技术创新能力进一步提升、产业发展生态进一步健全、安全保障能力进一步增强。
2021 年 12 月	《工业互联网综合标准化体系建设指南（2021 版)》	到 2023 年，工业互联网标准体系持续完善。制定术语定义、通用需求、供应链/产业链、人才等基础共性标准 15 项以上，"5G＋工业互联网"、信息模型、工业大数据、安全防护等关键技术标准 40 项以上，面向汽车、电子信息、钢铁、轻工（家电）、装备制造、航空航天、石油化工等重点行业领域的应用标准 25 项以上，推动标准优先在重点行业和领域率先应用，引导企业在研发、生产、管理等环节对标达标。到 2025 年，制定工业互联网关键技术、产品、管理及应用等标准 100 项以上，建成统一、融合、开放的工业互联网标准体系，形成标准广泛应用、与国际先进水平保持同步发展的良好局面。

表 2-4 "5G＋工业互联网"省市层面政策一栏

省区市	政策文件
安徽省	《关于促进线上经济发展的意见》

续表

省区市	政策文件
北京市	《北京市加快新型基础设施建设行动方案（2020—2022年）》
重庆市	《重庆市新型基础设施重大项目建设行动方案（2020—2022年)》
福建省	《福建省新型基础设施建设三年行动计划（2020—2022年)》
广东省	《广东省深化"互联网＋先进制造业"发展工业互联网实施方案及配套政策措施》
贵州省	《贵州省推动大数据与工业深度融合发展工业互联网实施方案》
河北省	《河北省数字经济发展规划（2020—2025年)》
河南省	《河南省推进"5G＋工业互联网"融合发展实施方案》
黑龙江省	《黑龙江省工业强省建设规划（2019—2025年)》
湖北省	《湖北省数字政府建设总体规划（2020—2022年)》
湖南省	《湖南省数字经济发展规划（2020—2025年)》
江苏省	《关于深入推进数字经济发展的意见》
江西省	《江西省数字经济发展三年行动计划（2020—2022年)》
辽宁省	《辽宁省工业互联网创新发展三年行动计划（2020—2022年)》
内蒙古自治区	《内蒙古自治区人民政府关于推进数字经济发展的意见》
上海市	《上海市促进在线新经济发展行动方案（2020—2022年)》
山东省	《关于加快工业互联网发展若干措施的通知》
山西省	《关于深化"互联网＋先进制造业"发展工业互联网的实施意见》
浙江省	《浙江省实施制造业产业基础再造和产业链提升工程行动方案（2020—2025年)》 《浙江省新型基础设施建设三年行动计划（2020—2022年)》

四、区块链

2016年12月15日，《"十三五"国家信息化规划》（以下简称《规划》）提出，到2020年，"数字中国"建设取得显著成效，信息化能力跻身国际前列。其中，《规划》指出，信息技术创新代际周期大幅缩短，创新活力、集聚效应和应用潜能裂变式释放，更快速度、更广范围、更深程度地引发新一轮科技革命和产业变革。区块链等新技术驱动网络空间从人人互联向万物互联演进，数字化、网络化、智能化服务将无处不在。由此，区块链技术首次出现在国家战略规划中。《规划》进一步指出，现实世界和数字世界日益交汇融合，全球治理体系面临深刻变革。全球经济体普遍把加快信息技术创新、最大限度释放数字红利，作为应对"后金融危机"时代增长不稳定性和不确定性、深化结构性改革和推动可持续发展的关键引擎。

2018 年 5 月 28 日，习近平总书记在中国科学院第十九次院士大会、中国工程院第十四次院士大会上发表的重要讲话中，将区块链与人工智能、量子信息、移动通信、物联网一道列为新一代信息技术代表。

2019 年 10 月 24 日，习近平总书记在主持中共中央政治局集体学习时强调，区块链技术的集成应用在新的技术革新和产业变革中起着重要的作用。我们要把区块链作为核心技术自主创新的重要突破口，明确主攻方向，加大投入力度，着力攻克一批关键核心技术，加快推动区块链技术和产业创新发展。

2020 年 4 月 20 日，国家发改委首次明确新基建的范围，正式将区块链纳入其中。区块链在新基建中主要发挥的是信任工具的作用，具有巨大的发展潜力。

2021 年 3 月 11 日，第十三届全国人民代表大会第四次会议表决通过了《关于国民经济和社会发展第十四个五年规划和 2035 年远景目标纲要》的决议，区块链首次被纳入国家五年规划中，在"加快数字发展，建设数字中国"篇章中，区块链被列为"十四五"规划七大数字经济重点产业之一，充分体现了中共中央、国务院对区块链技术和产业发展的高度重视。区块链作为数字经济时代的底层技术支撑背景如图 2-6 所示。

图 2-6　区块链作为数字经济时代的底层技术支撑背景

区块链概念最早是从比特币衍生出来的。比特币由中本聪于 2008 年首次提出。比特币及其他数字货币的核心技术称为区块链技术。它们之间的关系可以理解为，区块链是比特币的技术支撑，比特币是区块链技术的一个应用。比特币的设计者中本聪巧妙地利用区块链的结构使一串由数字和字母组成的字符串可以永久存在，且设置了这种字符串的总数量为固定的 2100 万条，使得这些字符串可以在一定程度上充当信用货币。其原理与人民币类似，我们之所以能用人民币买东西，是因为其他人愿意用商品与人民币交换。同样，如果有人愿意用商品与比特币交换，那么比特币就具有了购买力。值得注意的是，人民币有法律和我国国家信用的支撑，而比特币则没有。

从本质上讲，区块链是一个共享数据库，存储其中的数据或信息具有"不可伪造""全程留痕""可以追溯""公开透明""集体维护"等特征。基于这些特征，区块链技术奠定了坚实的"信任"基础，创造了可靠的"合作"机制，具有广阔的运用前景。

区块链技术从诞生至今，经历了三个发展阶段（图 2—7），第一阶段是区块链 1.0 时代，即 2008—2013 年的加密货币阶段，当时区块链主要被应用于以比特币为代表的数字货币上。第二阶段是区块链 2.0 时代，即 2014—2017 年的智能合约阶段，这一阶段以以太坊的诞生为标志。在区块链的基础上，以太坊应用了智能合约技术（可以理解为一些可以执行的小程序），智能合约技术使得以太坊可以实现更多功能。第三阶段是产业区块链阶段，即 2018 年至今的大规模应用阶段。区块链技术逐渐成熟，人们对区块链的认识更加理智和深刻，区块链技术被广泛应用于各行各业，目前正处于产业区块链发展期。中共中央、国务院区块链部分相关政策文件见表 2—5，2019—2021年我国区块链相关文件数量如图 2—8 所示。

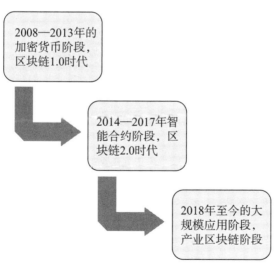

图 2—7　区块链发展阶段

表 2－5　中共中央、国务院区块链部分相关政策文件

时间	文件名	内容
2016 年 12 月	《"十三五"国家信息化规划》	强化战略性前沿技术超前布局，其中包括区块链。
2017 年 1 月	《关于创新管理优化服务培育壮大经济发展新动能加快新旧动能接续转换的意见》	创新体制机制，突破院所和学科管理限制，在人工智能、区块链、能源互联网、智能制造、大数据应用、基因工程、数字创意等交叉融合领域，构建若干产业创新中心和创新网络。
2017 年 7 月	《新一代人工智能发展规划》	促进区块链技术与人工智能的融合，建立新型社会信用体系，最大限度降低人际交往成本和风险。
2017 年 8 月	《国务院关于进一步扩大和升级信息消费持续释放内需潜力的指导意见》	支持地方联合云计算、大数据骨干企业为当地信息技术服务企业提供咨询、研发、培训等技术支持，推动提升"互联网＋"环境下的综合集成服务能力。鼓励利用开源代码开发个性化软件，开展基于区块链、人工智能等新技术的试点应用。
2017 年 10 月	《国务院办公厅关于积极推进供应链创新与应用的指导意见》	研究利用区块链、人工智能等新兴技术，建立基于供应链的信用评价机制。推进各类供应链平台有机对接，加强对信用评级、信用记录、风险预警、违法失信行为等信息的披露和共享。
2017 年 11 月	《国务院关于深化"互联网＋先进制造业"发展工业互联网的指导意见》	促进边缘计算、人工智能、增强现实、虚拟现实、区块链等新兴前沿技术在工业互联网中的应用研究与探索。
2018 年 5 月	《进一步深化中国（广东）自由贸易试验区改革开放方案》	大力发展金融科技，在依法合规前提下，加快区块链、大数据技术的研究和运用。
2019 年 5 月	《中共中央　国务院关于深化改革加强食品安全工作的意见》	建立基于大数据分析的食品安全信息平台，推进大数据、云计算、物联网、人工智能、区块链等技术在食品安全监管领域的应用，实施智慧监管，逐步实现食品安全违法犯罪线索网上排查汇聚和案件网上移送、网上受理、网上监督，提升监管工作信息化水平。
2019 年 8 月	《中国（河北）自由贸易试验区总体方案》	依托现有交易场所开展数据资产交易。推进基于区块链、电子身份（eID）确权认证等技术的大数据可信交易。
2019 年 9 月	《国务院关于加强和规范事中事后监管的指导意见》	充分发挥现代科技手段在事中事后监管中的作用，依托互联网、大数据、物联网、云计算、人工智能、区块链等新技术推动监管创新，努力做到监管效能最大化、监管成本最优化、对市场主体干扰最小化。

续表

时间	文件名	内容
2019 年 9 月	《交通强国建设纲要》	推动大数据、互联网、人工智能、区块链、超级计算等新技术与交通行业深度融合。
2019 年 11 月	《中共中央 国务院关于推进贸易高质量发展的指导意见》	推动互联网、物联网、大数据、人工智能、区块链与贸易有机融合，加快培育新动能。
2019 年 12 月	《长江三角洲区域一体化发展规划纲要》	加强大数据、云计算、区块链、物联网、人工智能、卫星导航等新技术研发应用，支持龙头企业联合科研机构建立长三角人工智能等新型研发平台，鼓励有条件的城市开展新一代人工智能应用示范和创新发展，打造全国重要的创新型经济发展高地。
2020 年 1 月	《中共中央 国务院关于抓好"三农"领域重点工作确保如期实现全面小康的意见》	依托现有资源建设农业农村大数据中心，加快物联网、大数据、区块链、人工智能、第五代移动通信网络、智慧气象等现代信息技术在农业领域的应用。开展国家数字乡村试点。
2021 年 6 月	《全民科学素质行动规划纲要（2021—2035 年)》	推进科普与大数据、云计算、人工智能、区块链等技术深度融合，强化需求感知、用户分层、情景应用理念，推动传播方式、组织动员、运营服务等创新升级，加强"科普中国"建设，充分利用现有平台构建国家级科学传播网络平台和科学辟谣平台。

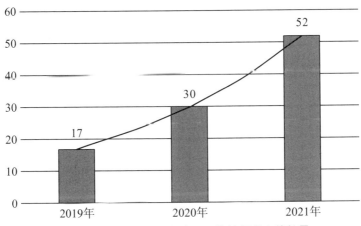

图 2－8 2019—2021 年我国区块链相关文件数量

区块链本质特性：

（1）起始一致。

创世块（高度为0）：网络中的所有节点都以内置统一的第0块为起始块进行后续延展；不同的创世块会造成不同的链，如比特币主网与测试网的创世块就不一样。在验证后一区块时，必须要依赖前一块，因此就必须有第0块。而第0块则是固定好的，无法进行更改。

（2）链式存储。

比特币区块链上的块以链式结构线性单向追加记录，且后一块会记录对应的前置块（可以用来存储数据或信息）。

（3）Hash引用。

后一块通过前一块的Hash进行引用，前置块的改变必然会导致后置块的Hash引用必须进行修改才能前后对应，存储的信息几乎不可以被更改（除非逐个修改区块Hash）。

（4）块头/块体分离结构。

比特币区块链以单位存储，块又分为块头和块体两部分。块头中通过记录块体的Merkle根（Hash摘要）来保证块头与块体的唯一对应性。

（5）去中心化。

区块链的每一个节点都是平等的，没有控制端和客户端的区别。

区块链技术结构见表2-6，区块链主要应用场景见表2-7。

表2-6　区块链技术结构

结构名称	基本含义
数据层	主要描述区块链的物理形式，是区块链上从创世区块起始的链式结构，包含了区块链的区块数据、链式结构以及区块上的随机数、时间戳、公私钥数据等，是整个区块链技术中最底层的数据结构。
网络层	主要通过P2P技术实现分布式网络机制，包括P2P组网机制、数据传播机制和数据验证机制，因此区块链本质上是一个P2P网络，具备自动组网的机制，节点之间通过维护一个共同的区块链结构来保持通信。
共识层	主要包含共识算法以及共识机制，能让高度分散的节点在去中心化的区块链网络中高效地针对区块数据的有效性达成共识，是区块链的核心技术之一，也是区块链社区的治理机制。目前，至少有数十种共识机制算法，包含工作量证明、权益证明、权益授权证明、燃烧证明、重要性证明等。

结构名称	基本含义
激励层	主要包括经济激励的发行制度和分配制度，其功能是提供一定的激励措施，鼓励节点参与区块链中的安全验证工作，并将经济因素纳入区块链技术体系，激励遵守规则参与记账的节点，并惩罚不遵守规则的节点。
合约层	主要包括各种脚本、代码、算法机制及智能合约，是区块链可编程的基础。将代码嵌入区块链或是令牌中，实现可以自定义的智能合约，并在达到某个确定的约束条件下，无须经由第三方就能自动执行，是区块链去信任的基础。
应用层	应用层封装了各种应用场景和案例，类似电脑操作系统上的应用程序、互联网浏览器上的门户网站、搜寻引擎、电子商城或手机端上的 APP，将区块链技术应用部署在以太坊、EOS、QTUM 等上，并在现实生活场景中落地。未来的可编程金融和可编程社会也将会搭建在应用层上。

注：数据层、网络层、共识层是构建区块链技术的必要元素，缺少任何一层都不能称为真正意义上的区块链技术；激励层、合约层和应用层不是每个区块链应用的必要因素，一些区块链应用并不完整包含此三层结构。

表 2-7　区块链主要应用场景

应用场景	基本情况
数字身份	让用户拥有和控制自己的数字身份，构建以用户为中心的个人网络，如个人数字信誉和数字资产等；同时还可以指定哪些个人数据可以或不可以与他人进行共享。
数字记录	实现合规性的自动化，提高数据的透明度，降低服务费用，实现记录的自动处理，如利用智能合约技术进行临床试验数据的管理，可以提高数据的透明度。
证券	实现数字化终端到终端的证券工作流程，用于资本化股权结构表管理能够极大地简化其工作流程，如帮助私人公司自动股息支付、股票分割和负债管理等。
金融贸易	推动简化全球商品转移，带来更高的资产流动性，实现信誉证明和贸易支付流程的自动化发起，可以在客户、供应商和金融机构之间创建一种更高效、风险更小的流程。
物联网	设备之间创建服务市场，创建分散的、共享的经济应用程序，兼顾隐私性与数字资产的价值性，促进服务和资源的共享。
供应链	能够为供应链的每一个环节提供更高的可见性，简化多重机构系统，与物联网设备进行协调，跟踪被管理的资产和产品，降低欺诈和盗窃风险。

续表

应用场景	基本情况
保险	保险合同都是数字化的，保存在区块链账本之中，无法篡改；同时可以自动化保险索赔流程，提供接近瞬时的处理、验证和付款服务，基于智能合约的保险业务，可以提供智能定制服务，可根据投保种类、时间、期限、理赔记录等自动匹配最佳投保方案，大大降低传统保险业的服务成本。

目前，区块链作为数字经济革命的重要支撑，正以新一代信息基础设施的姿态快速发展，并渗透到我国经济的各个领域，对我国经济社会发展的支撑作用初步显现。但同时，我国区块链也面临核心技术亟待突破、融合应用尚不成熟、产业生态有待完善、监管治理仍待探索等问题。从商业角度，区块链更多的关注于模式创新、组织结构创新与治理体系创新，其应用难的特点仍客观存在于产业发展中。著名经济学家朱嘉明曾指出，区块链与产业结合表现为三种模式：一是与区块链有天然基因关系的产业，如加密数字货币产业及金融业；二是通过区块链对整个业态改造的产业，如 IP 产业、法律等服务业；三是移植区块链技术维系原本产业特征的产业。

2021 年，我国区块链应用持续落地，产业规模不断扩大。据赛迪区块链研究院统计，2021 年全年落地的应用项目达 336 个，同 2020 年相比，略有下降[①]（图 2-9）。

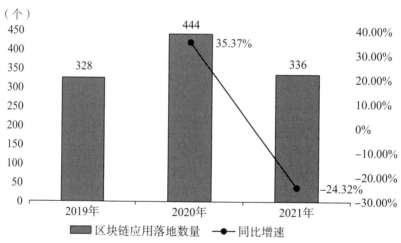

图 2-9　2019—2021 年我国区块链应用落地数量及趋势

---

① 数据来源：赛迪区块链研究院。

我国区块链产业加速发展，不断攀升，由2016年的1亿元增加至2021年的65亿元（图2—10）。

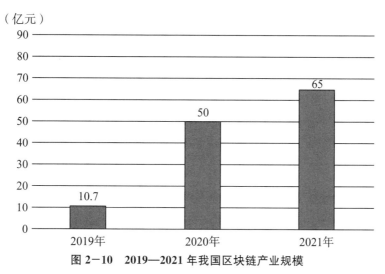

图 2—10 2019—2021年我国区块链产业规模

从省市来看，2021年，与城市项目落地发展相一致，我国区块链应用落地发展呈现北、浙、苏、沪、粤"五极"格局，2021年区块链应用落地前3名为北京、浙江、深圳，落地项目分别为24个、20个、11个，江苏、上海、广东并列第四，落地项目为10个，辽宁、内蒙古、西藏等地也均有落地。尽管项目数同2020年比稍有回落，但应用项目领域明显拓宽，除表现强势的贸易物流、金融、社会公共、政务、农业、司法存证等领域外，文娱、工业、能源、消费、军事在2021年也得到了长足发展，总计覆盖领域多达15个，我国区块链产业项目迈入了多元落地期。[①]

从具体应用层面而言，与往年落地情况一致，社会公共、传统金融与政务成了2021年应用落地最为集中的三大领域，分别占应用落地总数的22%、14%、14%；同时，司法存证、贸易物流、溯源等领域表现也十分突出。值得一提的是，2021年，区块链＋社会公共领域总计落地34个项目，成为当年区块链落地数最多的领域，全国16个省市均涉及该领域的应用。其中，浙江凭借其强大的互联网产业基础以及城市服务优势落地8个项目，占据总落地数23.53%，位于首位；第二位为深圳，落地4个项目；值得关注的是，云南在数字经济领域发力明显，在政策的引导下，云南在公共领域发展迅速，与上海、北京齐平，均落地3个项目。2021年，金融领域依旧热门。根据陀螺研

① 数据来源：陀螺研究院。

究院公开数据，截至 2021 年 10 月底，我国传统金融与贸易金融领域总计落地 32 个项目，14 个省市均推出了相关应用。2021 年，北京在金融领域应用发力明显，约 25％的金融项目在北京落地；其次为上海，落地 5 个项目。相比 2020 年，2021 年，吉林、甘肃等也均有区块链金融项目落地。2021 年，区块链技术具体应用的另一个特征是：我国在区块链领域的应用范围逐渐均衡，首先是集供应链金融、国内信用证、福费廷等多个场景于一体的贸易金融领域仍备受关注，占金融领域总落地数的 33.33％，但同比减少 18.94％，趋势有所收缩；其次是传统供应链金融，占比 21.83％；函证业务发挥均衡，以 15.63％的占比位于第三位；最后是资产管理类的应用项目在 2021 年也有所增长，占比 9.58％，首次位于第四位。我国目前参与区块链应用探索的银行机构已超 39 家，金融机构成为区块链金融领域的主要引领者。[1]

在政务区块链项目方面，截至 2021 年 10 月底，据不完全统计，我国总共落地 21 个项目，广东在政务方面最为亮眼，落地 5 个新项目；其次则是河北，以雄安为首，主要落地 3 个新项目，山东、浙江紧随其后。区块链在政务方面的趋势是：正逐渐从存证深入至协作层面。在具体应用中，第一是行政审批类，占据落地项目数的 38.09％，同比增加 17.40％；第二是电子证照类，表现也十分突出，占比 15.63％；第三则是电子票据，占比 12.5％。[2]

国家"十四五"规划指出，要持续加大新兴产业布局，其中重要的一项就是新型基础设施布局。规划提出要投资项目 1300 多个，总投资超过 10 万亿，随着新基建的谋划布局与国家产业结构调整，区块链对传统制造业、软件及信息化业、金融业等支柱型产业的变革和升级作用将进一步凸显，应用领域将不断扩大，逐步实现技术与产业的深度融合与创新发展。[3]

五、高性能计算

高性能计算机一直是关系国家安全和国民经济的关键技术装备，在解决我国安全威胁问题、提高我国产业的自主设计能力和核心竞争力等方面有不可替代的作用，其本身市场巨大，产业化前景广阔，是各国必争的战略制高点。高性能计算机已成为实验与理论以外的第三种科学发现工具，与其他学科呈交叉与融合的趋势，是科技创新能力建设的关键平台。

---

① 数据来源：陀螺研究院。
② 数据来源：陀螺研究院。
③ 李富强，唐绍祥. 中国新基建发展报告（2022）［M］. 北京：社会科学文献出版社，2022.

　　高性能计算是指运用有效的算法，快速完成科学研究、工程设计、金融、工业以及社会管理等领域中具有数据密集型、计算密集型和 I/O（数据输入输出）密集型的计算。直观地说，高性能计算所需的计算能力和存储能力较同年代的计算机的计算能力和存储能力高出几十倍到几万倍，从核爆炸模拟、油藏模拟，到极端天气预报等，高性能计算始终守护着国家安全和安宁，为国家科技的发展奠定了坚实的基础，同时也是衡量一个国家综合实力水平的一个重要测度指标。高性能计算主要应用领域如图 2−11 所示。

图 2−11　高性能计算主要应用领域

　　1958 年 8 月 1 日，在苏联的帮助下，中国科学院计算技术研究所和北京有线电厂（738 厂）研制成的"八一"型通用电子管计算机（又称 103 机）完成了四条指令的运行，其成为我国计算技术学科建立的标志，也标志着中国人制造的第一架通用数字电子计算机正式诞生。103 机最初的运算速度仅有 30 次/s，在此基础上，高性能计算经历了一次又一次的创新突破。中国高性能计算机领域的著名专家金怡濂院士在这方面做出了不可磨灭的贡献。在 103 机的基础上，金怡濂院士参与了中国第一台大型计算机——104 机的研制。1959 年 9 月，根据苏联相关计算机技术资料制成的 104 大型通用电子计算机通过试运算，104 机的主机和电机组机房各占地 200m^2，其运算速度更是提升到 1 万次/s，与诞生于 1946 年、重达 30t、占地 170m^2、1s 内能计算 5000 次加法和 500 次乘法的世界第一台电子计算机——"埃尼阿克"相比，其具有很大的改进和突破。1969 年，金怡濂作为主要技术负责人和总体组长，主持国家重点工程九○五乙机的研制工作，历尽千辛万苦，1976 年，九○五乙机研制完成，其运算速度达 350 万次/s，由此开创了中国并行机研制的先河。

　　20 世纪 80 年代，国防科技大学研制的"银河"向量亿次机和金怡濂团队研制的九○五工程亿次机相继取得成功。其中，"银河"系统是我国运算速度最快、存储容量最大、功能最强的电子计算机。1986 年 3 月，王大珩、王淦昌、杨嘉墀、陈芳允四位科学家提出"关于跟踪研究外国战略性高技术发展的建议"，邓小平同志同意批复，该计划后来被称为"863 计划"，即"国家高技术研究发展计划"。"863 计划"中，智能计算机被单独列为一个主题项目（306 主题），"国家智能计算机研究开发中心"（以下简称智能中心）应运而生。在此之后，306 主题催生了曙光系列（图 2−12）。

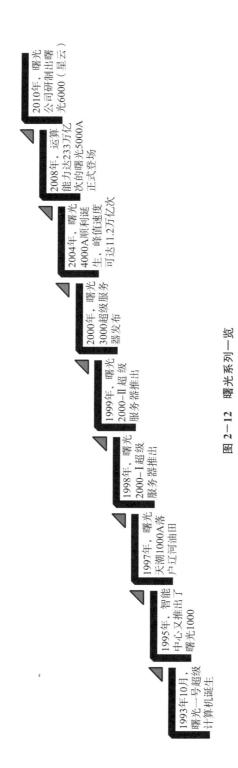

图 2-12　曙光系列一览

1993年10月，曙光一号超级计算机诞生

1995年，智能中心又推出了曙光1000

1997年，曙光天潮1000A落户辽河油田

1998年，曙光2000-Ⅰ超级服务器推出

1999年，曙光2000-Ⅱ超级服务器推出

2000年，曙光3000超级服务器发布

2004年，曙光4000A顺利诞生，峰值速度可达11.2万亿次

2008年，运算能力达233万亿次的曙光5000A正式登场

2010年，曙光公司研制出曙光6000（星云）

　　1991 年，金怡濂团队又成功研制出速度达每秒 10 亿次级的中国第一台大规模并行处理计算机，国防科技大学在 1993 年成功研制出银河全数字仿真－Ⅱ型计算机，金怡濂团队在 1996 年 9 月成功研制出峰值运算速度达每秒 3120 亿次的新一代巨型机——"神威"，此后国防科技大学又在 1997 年成功研制出"银河－Ⅲ"巨型计算机。2001 年底，"神威Ⅱ"研制完成，速度达每秒 13.1 万亿次，其峰值速度和持续速度均超过了当时排名第一的高性能计算机，体积也大为缩小，功耗也较低。金怡濂院士因其对高性能计算机作出的巨大贡献而获得了 2002 年度国家最高科学技术奖。2009 年，中国首台千万亿次超级计算机系统——"天河一号"研制成功。2013 年 11 月 18 日，在全球超级计算机 500 强排行榜中，中国的"天河二号"以比第二名美国的"泰坦"快近一倍的速度再度登上榜首。值得一提的是，早在 2011 年 10 月 27 日，国家超级计算济南中心正式挂牌，我国首台完全采用国产自主 CPU 设计和系统软件构建的神威·蓝光高效能计算机正式投入运行，其速度已达到千万亿次级。在 2016 年 6 月 20 日，新一期全球超级计算机 500 强榜单中，使用中国自主芯片制造的"神威·太湖之光"取代"天河二号"登上榜首。2021 年 11 月 18 日，于美国密苏里州圣路易斯举行的全球超级计算大会（SC21）上，国际计算机协会（ACM）将 2021 年度"戈登贝尔奖"授予中国超算应用团队。该团队在新一代神威超级计算机上进行 RQC（随机量子电路）高性能实时模拟，可扩展到 4200 万个核心，FP32 单精度性能可达 120 亿亿次，混合精度性能可达 440 亿亿次。并且，传统超级计算机需要 1 万年才能完成的运算，现在仅用 304 秒即可完成。高性能计算机发展主要成就如图 2－13 所示。

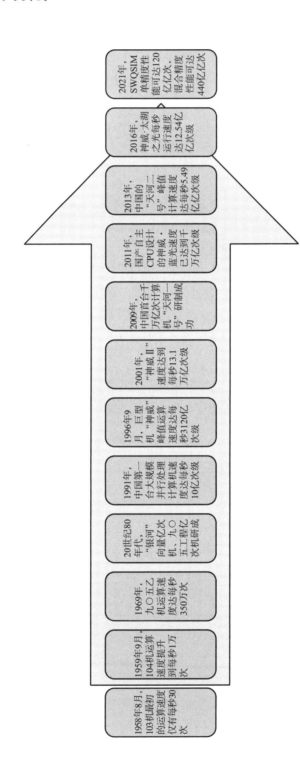

图2-13 高性能计算机发展主要成就

2020 年以来，"十四五"和新基建驱动我国高性能计算中心建设进入高速增长期，多地地方政府和企事业单位都在积极建设和筹建高性能计算中心。有关高性能计算机的最新成就是：2021 年 2 月，在京津冀、长三角、粤港澳大湾区、成渝、内蒙古、贵州、甘肃、宁夏 8 地启动建设国家算力枢纽节点，并规划了 10 个国家数据中心集群。至此，全国一体化大数据中心体系完成总体布局设计，东数西算工程全面正式启动。简单地说，就是让西部的算力资源更充分地支撑东部数据的运算，更好地为数字化发展赋能。2021 年 3 月，《中华人民共和国国民经济和社会发展第十四个五年规划和2035 年远景目标纲要》明确提出，要"加快构建全国一体化大数据中心体系，强化算力统筹智能调度，建设若干国家枢纽节点和大数据中心集群，建设 E 级和 10E 级超级计算中心"。合肥、兰州、厦门、太原等多地都将陆续建立高性能计算中心。

目前，高性能计算还存在很多不足，需要在降低系统功耗、提高应用性能、改善可编程性、提高系统可靠性等方面有新的突破。

第二节　特性分布

按照中国科学院科技战略咨询研究院的研究结论，数字科技是基于物理世界和数字世界映射互动的体系提炼出来的一个新概念，其内容包含数字技术、数据科学以及二者之间的互动转化。其中，数字技术就是借助专业设备将各种信息转化为电子计算机能够识别的二进制数字"0"和"1"后进行运算、加工、存储、传送、传播、还原的技术，数字技术还具备抗干扰能力强、精度高、数字信号便于长期存贮、保密性好、通用性强等强大优势；数据科学就是以数据为研究对象，研究数据界奥秘的理论、方法和技术的新科学。数字技术和数据科学相互转化体现在以下两个方面：一是数字技术需要借助数据科学实现技术的突破和升级，即数字科技化；二是数据科学需要数字技术的支撑才能实现科学的数字化，即科技数字化。结合具体的应用场景和领域，数字科技和数据科学在相互转化的过程中体现出如下特征。

一、数字科技创新成为汇聚学科创新的核心之一

数字科技是当今世界上创新速度最快、通用性最广、渗透性和引领性最强的领域之一。比如，数据科学与生命科学相结合可以开辟生物医药领域新的应

用方向，北京大学生命科学学院生物信息中心高歌研究团队基于大数据、统计学习等计算方法和单细胞多组学技术，深入挖掘和整合高通量生物数据，在单细胞水平上精准解析细胞调控图谱，并探索其在生物医药领域的应用方向，即利用计算的方法解析生物大数据中蕴含的新生命规律。具体来说，就是基于基因组、转录组等大规模组学测量数据，通过采用多种计算方法有效挖掘、整合、建模，发现新现象、总结新规律，形成对生命过程的统一解析和理解，进而将其应用于生物医药领域中。例如，数据科学和脑科学相融合，在脑科学研究过程中，持续产生海量多维度数据，包括单神经元基因测序数据、介观及微观脑图谱数据、宏观脑成像数据、群体神经元活动与脑电数据等。数据科学、计算机科学与脑科学的融合将从根本上改变大数据时代脑科学的研究方式。理解脑的工作机制，对脑功能进行开发、模拟和保护，并研发脑疾病诊治、人工智能等新技术和新方法，对社会经济、国民健康和国家安全有重要的意义。人工智能重新兴起，类脑计算机将成为未来计算的主要形态和重要平台，将在模拟脑功能、高效实现 AI 算法、提升计算能力等方面发挥重要的作用。深度学习技术作为人工智能应用于数据科学庞杂数据处理的多层神经网络机器学习技术，是对数据科学的重要补充，更是未来各层级、各产业场景应用于发展的强大推动力。此外，与人工智能密切相关的类人机器人、脑机接口、人脑仿真技术以及自适应系统也将取得快速发展。AI、XR（扩展现实）、星地协同、量子计算、隐私计算等将成为数字科技新的发展趋势。随着网络空间、物理世界、人类社会组成的人机物三元世界的深度融合，万物互联智能融合将成为今后数字科技的发展方向。量子信息技术结合了量子力学理论和信息技术，将变革计算、编码、信息处理和传输过程等，成为下一代信息技术的先导和基础，是提升国家信息技术水平、增强国防实力的重要基础支撑。我国成功发射世界首颗量子科学实验卫星"墨子号"，意味着我国量子通信产业化发展进入了新的阶段。量子计算的重要进展层出不穷，将推动量子计算机的技术实现。量子模拟技术已接近经典计算机可以模拟的极限，量子度量学也获得了快速的发展，且量子计算可能对金融模型、物流、工程、医疗健康、电信、化学、新材料以及人工智能等产生巨大影响。

二、数字科技创新正在推动群体性技术交叉突破

科学技术诸多领域在交叉汇聚过程中呈现出多元爆发、交汇叠加的"浪涌"现象。数字科技在以人工智能、机器人技术、虚拟现实、量子信息技术、

可控核聚变、清洁能源以及生物技术为技术突破口的第四次工业革命中扮演着重要的角色。

（一）数字科技与生物技术

数字科技、生物技术是当今时代创新最活跃的两大领域，这两大技术的交叉融合，将会引发产业发展的颠覆性创新。生物技术＋数字科技的发展和不断革新，也大大加快了科技与产业革命的进程。合成生物学作为一门交叉学科代表，正为医药与健康安全、农业与食品安全、环境与能源安全提供新技术源头。目前，合成生物产业已成为各国风险投资的风口，中美两国也已将合成生物学列为国家重点科技前沿领域之一。1993 年诺贝尔化学奖获得者 Kary Mullis 博士发明的聚合酶链式反应（PCR）技术，不仅给生命科学和医学的研究带来了翻天覆地的变化，而且发展成为目前最成熟的分子诊断技术之一。此外，第四代测序、基因芯片、单细胞分析等都是当前分子诊断技术领域的前沿技术和支撑平台代表。癌症堪称人类亟须攻克但却最富有挑战性的病症之一，日益增长的临床需求与技术的革新进步也促进着新型疗法的发展。与其他疗法相比，肿瘤免疫治疗的疗效对于一些肿瘤更显著、持续时间更长，在基因测序、深度学习算法等技术的加成下，免疫疗法有望成为根治这些肿瘤的主流手段。图计算是研究人类世界的事物之间的关系，并对其进行描述、刻画、分析和计算的一门技术，是前沿理论界的研究热点。图计算技术在金融、制造、能源等领域有着广阔的应用价值和前景。

预计下一个十年，生物技术和数字科技将更深远地影响世界和人类的命运。

（二）数字科技与能源和环境技术

在 2021 年国网电动出行博览会上，彭建华曾指出，人类社会的进步实际上是沿着两条线发展变革：一条线是能源发展变革，从最初的钻木取火，到蒸汽、石油、电力，再到今天以清洁能源为代表的新型能源发展时代；另一条线是信息发展变革，尤其是信息的交换，从语言和文字开始，再到以 5G 和云为代表的数字科技，驱动社会发展进入高速智慧化阶段。而两者的融合也就是我们常说的数字科技和能源技术的结合，这是这个时代的重大机遇，是能源行业的历史性机会。

作为全球数字科技大国，数字化在推动中国经济向高质量发展的过程中扮演着越来越重要的角色。同时，我国正致力于构建清洁、低碳、安全、高效的能源体系，提出力争于 2030 年前碳达峰，2060 年前碳中和。中国数字经济市场正展现出前所未有的巨大潜力，特别是肩负"双碳"目标关键重任的能源电力行业，在数字科技深度加持下，全行业已经可以清晰地感受到数字化转型的脉搏，数字科技推动绿色低碳转型，数字科技与能源技术融合，推动化石能源清洁化、清洁能源规模化和能源服务智能化，推动能源技术向绿色低碳和智能化方向转型，促进能源结构从高碳向低碳转变。研究表明，数字科技可以减少20％以上的碳排放。数字科技推动能源生产各环节数字化，提升能源企业的生产效率，有效降低碳排放，同时提高能源互联网的智能化水平。利用人工智能、大数据和云计算等技术实时采集运行数据，实现精准预测需求、设备远程监测、能耗管理，也可以有效降低能耗和碳排放。

在全球新一轮科技革命和产业变革中，互联网理念、先进数字科技与能源产业持续深度融合，正推动能源领域新技术、新模式和新业态的兴起。数字电力为能源革命提供了无限可能，对社会生产方式、生活方式和社会治理模式都将产生重大而深远的影响。

随着数字科技的发展，各行业的跨界成为常态，组织边界、地域边界、技术边界、行业边界日益模糊，数字科技不仅作为工具被应用，而且深入渗透到其他学科的思维方式中，带来计算生物学、生物信息学、社会技术、空间信息学、纳米信息学等新兴交叉学科的发展。

三、数字科技创新正形成网络协同创新模式

前三次工业革命是基础研究到新的技术产生，再到推动新的产品和产业变革和需求的应用，这是链式的，即创新过程表现的特征是从基础研究到应用研究，再到产业发展"链式创新"的单向线性过程。而以数字科技为主要驱动力的第四次工业革命，其创新特征表现为需求应用和基础研究两端发力而形成的协同驱动，其中蕴含网络化特性，且短周期快速迭代变成了这个领域创新的主要模式。数字科技需要面向物理世界和数字世界的互动融合，一方面，需要解决实际应用、面向用户需求、开发全新市场的场景式研发与创新，从用户需求出发对科学研究形成逆向牵引；另一方面，各类基础学科、基础技术领域的各项基础和应用创新需寻求突破。每个创新主体都是庞大网络体系中的节点之一，都会参与新科学、新技术、新产品的开发应用全过程，创新产业化周期大大缩短。网络式生态化的协同式创新正释放更多的活力，即从基础研究到应用开发的中间环节呈现出网络式的研究特点，多主体参与，创新模式发生质变。从创新周期来看，节奏加快、周期缩短、快速迭代、持续改进、及时反馈以及

敏捷管理的创新正引领这一轮的数字科技创新，并不断驱动其他长周期的创新领域。

数字科技创新有一个明显的特征，即都有集汇集数据、汇集人才、高研发投入和产业应用的创新为一体的特征。比如，美国贝尔实验室就是企业内的一个研发机构，研发出了半导体、网络的一些雏形技术；谷歌、脸书等大公司仍然是数字科技创新的"领头羊"，尤其是人工智能、量子计算这些前沿研究领域始终是由 IBM、谷歌等企业引领。因此，龙头企业推进协同创新要大力推进龙头企业产学研联合进程，加快构建龙头企业协同创新网络，充分发挥政府和行业协会的作用，在科技经济全球化的背景下，这种开放、共享、合作的协同创新模式是提高创新效率、提升自主创新能力的重要途径。

四、数字科技创新能够实现产业"降本增效"、促进商业模式迭代

数字科技改变了过去"单边推动"的单向思路，走向"共建"。"单边"的互联网公司推动的产业互联网和传统的产业技术升级都无法实现真正意义上的突破，产业数字化需要数字科技和产业的行业专业技术无界深度融合，走一条"共建"的道路，才能真正实现"产业×科技"的乘数效应。也就是说，数字科技公司从过去的 B2C 模式转向通过服务 B 端再去间接服务 C 端，即 B2B2C 模式，面向的对象可能是一个行业、一个工厂、一个农场、一个政府部门、一个学校、一辆汽车等。以政府治理数字化为例，数字科技可以将政务、安全、交通、医疗、物流等跨部门、跨领域、跨区域的信息实现知识共享，在保障数据安全的前提下，深层次挖掘数据价值。

由此可见，数字科技正大大拓展领域和边界，以一种"无界"的精神将科技融入更多的行业，将"触角"延伸至各个实体产业，其必将成为未来推动整个国民经济增长的核心驱动力，实现数字经济模式的新变革。

数字科技的发展所带来的不仅是数字技术，更重要的是通过数据科学改造生产力，实现新的创新模式，改变全球经济竞争格局，推动数字经济发展进入新阶段。

第三章　数字科技发展水平评价

过去 10 年，新一代信息技术应用不断为各行各业注入新活力，形成了以人工智能、云计算、5G 为代表的核心数字科技力量，现代数字科技日臻完善。随着各种未知领域探索的需要，数字科技在其中扮演了核心的工具角色。

2022 年 3 月 5 日，国务院总理李克强在政府工作报告中重点谈及我国"十四五"时期经济社会发展的主要目标和重大任务，其中提出，要加快数字化发展，打造数字经济新优势，协同推进数字产业化和产业数字化转型，加快数字社会建设步伐，提高数字政府建设水平，营造良好数字生态，建设数字中国。多个"数字"的连续使用勾画出"数字中国"的未来图景，也表明我国数字科技发展即将进入全面提速阶段。

数字科技推动发展的数字经济，如今与"数字中国"一起，放到了"十四五"时期经济社会发展主要目标和重大任务的高度，这也意味着数字科技在推动产业数字化转型升级等方面的潜能将得到进一步释放，成为"十四五"发展的新引擎。

第一节　我国数字科技发展评价指标

数字科技的定义比较宽泛，几乎可以涵盖现代科技的方方面面。数字科技的本质是以产业既有知识储备和数据为基础，以不断发展的前沿科技为动力，着力于"产业×科技"的无界融合，推动产业互联网化、数字化和智能化，最终实现降低产业成本、提高用户体验、增加产业收入和升级产业模式的目标。在本章中，阐述数字科技的发展情况，主要用人工智能、区块链、云计算、大数据、物联网五项专利申请数量情况及授权数量情况来评价我国数字科技的发展情况。

（1）人工智能领域的专利申请数量及授权数量是评价数字科技发展的重要指标。人工智能是研究、开发用于模拟、延伸和扩展人的智能的理论、方法、技术及应用系统的一门新的技术科学。人工智能是计算机科学的一个分支，它企图了解智能的实质，并生产出一种新的能以人类智能相似的方式做出反应的智能机器，该领域的研究包括机器人、语言识别、图像识别、自然语言处理和专家系统等。

（2）区块链专利申请数量及授权数量是评价数字科技发展的重要指标。区块链是分布式数据存储、点对点传输、共识机制、加密算法等计算机技术的新型应用模式。区块链（Blockchain）本质上是一个去中心化的数据库，是一串使用密码学方法相关联产生的数据块，每一个数据块中包含了一批次网络交易的信息，用于验证信息的有效性（防伪）和生成下一个区块。区块链是由一个又一个区块组成的链条。每一个区块中保存了一定的信息，它们按照各自产生的时间顺序连接起来。这个链条被保存在所有的服务器中，只要整个系统中有一台服务器可以工作，整条区块链就是安全的。这些服务器在区块链系统中被称为节点，它们为整个区块链系统提供存储空间和算力支持。如果要修改区块链中的信息，必须征得半数以上节点的"同意"，并修改所有节点中的信息，而这些节点通常被掌握在不同的主体手中，因此篡改区块链中的信息是一件极其困难的事。相比传统网络，区块链具有两大核心特点：一是数据难以篡改，二是去中心化。基于这两个特点，区块链所记录的信息更加真实可靠，可以解决人们互不信任的问题。

（3）云计算专利申请数量及授权数量是评价数字科技发展的重要指标。云计算是分布式计算的一种，其指的是通过网络"云"将巨大的数据计算处理程序分解成无数个小程序，然后利用由多部服务器组成的系统处理和分析这些小程序，得到结果并返回给用户。早期，云计算就是简单的分布式计算，解决任务分发，并进行计算结果的合并。因此，云计算又称为网格计算。通过这项技术，可以在很短的时间内完成对数以万计的数据的处理，从而完成强大的网络服务。目前所说的云服务已经不单是一种分布式计算，而是由分布式计算、效用计算、负载均衡、并行计算、网络存储、热备份冗杂和虚拟化等计算机技术混合演进并跃升的结果。云计算指利用计算机网络形成的计算能力极强的系统，可存储、集合相关资源，并可按需配置，向用户提供个性化服务。

（4）大数据专利申请数量及授权数量是评价数字科技发展的重要指标。大数据或称巨量资料，指所涉及的资料量规模巨大到无法通过主流软件工具，在合理的时间内摄取、管理、处理并整理大量数据，从而为企业经营决策提供资讯。

（5）物联网专利申请数量及授权数量是评价数字科技发展的重要指标。物联网是指通过各种信息传感器、射频识别技术、全球定位系统、红外感应器、激光扫描器等装置与技术，实时采集需要监控、连接、互动的物体或过程，采集声、光、热、电、力学、化学、生物、位置等各种需要的信息，通过各类可能的网络接入，实现物与物、物与人的泛在连接，实现对物品和过程的智能化感知、识别和管理。物联网是基于互联网、传统电信网等的信息承载体，它使所有能够被独立寻址的普通物理对象形成互联互通的网络。

第二节　全国数字科技发展情况

一、我国数字科技发展整体态势良好

从 2008 年到 2020 年，我国人工智能、区块链、云计算、大数据、物联网的专利申请数量及授权数量一直处于增长状态，具体情况如图 3-1 所示。2008—2020 年，中国专利申请数量和授权数量均呈现爆发式双增长。2008 年，中国的专利申请数量是 1639 项；2020 年，中国的专利申请数量达 171686 项，增长了 103.75 倍，年复合增长率达 47.35%。同期，中国的专利授权数量增长 151.9 倍，年复合增长率达 51.98%。经检验，专利申请数量与专利授权数量具有高度相关性。良好的数字科技发展态势离不开国家对数字科技的支持，也离不开数字科技企业自身谋求发展的强大动力，相信在未来，数字科技专利数量会持续有效地增长，促进我国的数字科技上一个新的台阶。

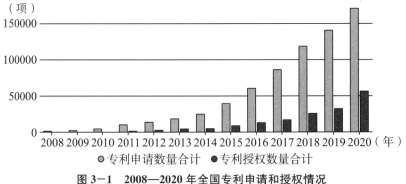

图 3-1　2008—2020 年全国专利申请和授权情况

二、我国数字科技发展具体情况

我国数字科技涉及的领域很多，在本章我们主要以人工智能、区块链、云计算、大数据、物联网来描述我国数字科技的发展情况，特别是这五项涉及的专利申请情况，直观地体现了我国数据科技的发展情况。

（一）近年人工智能专利数量增速迅猛

经过多年的积累，我国在人工智能领域取得了重要进展，国际科技论文发表量和发明专利授权量已居世界第二，部分领域核心关键技术实现重要突破。人工智能创新创业日益活跃，一批龙头骨干企业加速成长，快速积累的技术能力与海量的数据资源、巨大的应用需求、开放的市场环境有机结合，形成了我国人工智能发展的独特优势。这是 2008—2020 年在人工智能领域，人工智能专利申请数量和人工智能专利授权数量均呈现快速增长态势的重要原因。2008年，人工智能专利申请数量是 627 项，2020 年，人工智能专利申请数量达46598 项，增长 73.32 倍，年复合增长率达 43.19%。同期，人工智能专利授权数量增长 91.1 倍，年复合增长率达 45.65%。人工智能专利申请数量和人工智能专利授权数量的年复合增长率均略低于全国专利申请数量和专利授权数量，但其发展态势仍表现强劲。目前，虽然人工智能的发展态势较好，但我国人工智能整体发展水平与发达国家相比仍存在差距，缺少重大原创成果，在基础理论、核心算法及关键设备、高端芯片、重大产品与系统、基础材料、元器件、软件与接口等方面的差距较大。科研机构和企业尚未形成具有国际影响力的生态圈和产业链，缺乏系统的超前研发布局；人工智能尖端人才远远不能满足需求；适应人工智能发展的基础设施、政策法规、标准体系亟待完善。

从图 3-1 中可以看出，人工智能的发展在 2008 年时只是处于开始阶段，2011—2013 年属于起步阶段，从 2014 年开始则属于稳步成长阶段，2016 年开始属于加速成长阶段，人工智能是研究、开发用于模拟、延伸和扩展人的智能的理论、方法、技术及应用系统的一门新的技术科学。从学术界到应用领域，人工智能都得到了高度重视，为了赶超国外先进行列，我们应该加大研究和投入力度，培养更多的超一流人才。2008—2020 年人工智能专利申请数量与授权数量如图 3-2 所示。

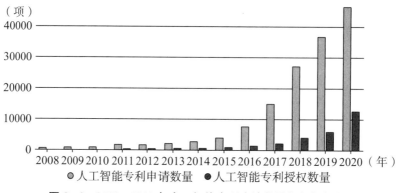

图3-2 2008—2020年人工智能专利申请数量与授权数量

（二）近年区块链专利数量增速较快

区块链技术作为以去中心化方式集体维护一个可靠数据库的技术方案，具有去中心化、防篡改、高度可扩展等特点，正成为继大数据、云计算、人工智能、虚拟现实等技术后又一项将对未来产生重大影响的新兴技术，有望推动人类从信息互联网时代步入价值互联网时代。我国也高度重视区块链技术的创新与产业发展，涌现出了一大批新企业、新产品、新模式、新应用，区块链在金融、政务、能源、医疗等行业领域的应用逐步展开，正成为驱动各行业技术产品创新和产业变革的重要力量。

在这种背景下，2008—2020年在我国区块链专利领域，2008年区块链专利申请数量是2项，2020年区块链专利申请数量达18573项。从图3-3中可以看出，2008—2015年，区块链专利申请数量增长缓慢，从2016年开始，呈现快速增长趋势，年复合增长率达114.12%。同期，区块链专利授权年复合增长率达90.24%。两者的年复合增长率均高于全国专利申请年复合增长率和全国专利授权年复合增长率。

图3-3 2008—2020年区块链专利申请数量和授权数量

区块链从 2016 年开始才呈现出飞速增长的态势，与我国的区块链技术发展状态及资本的投入有关。区块链技术的应用领域、区块链领域的研究人才、区块链领域的资本投入以及区块链技术的成熟程度都决定了区块链专利的发展趋势。

（三）云计算专利数量持续增长

自 2012 年以来，中国云计算行业受到各级政府的高度重视和国家产业政策的重点支持。国家陆续出台了多项政策，鼓励云计算行业发展与创新，为云计算行业的发展提供了明确、广阔的市场前景，为企业提供了良好的生产经营环境。近几年，我国先后发布了《中华人民共和国国民经济和社会发展第十四个五年规划和 2035 年远景目标纲要》《"十四五"数字经济发展规划》《"十四五"软件和信息技术服务业发展规划》等一系列政策文件。这些文件都将云计算列为数字经济重点产业，实施"上云用云"行动，促进数字技术与实体经济深度融合，赋能传统产业转型升级。为了激活云计算的发展，国务院在 2015 年就出台了《关于促进云计算创新发展培育信息产业新业态的意见》《云计算白皮书（2016 年)》等政策文件，这些政策的出现并非偶然，在其背后有很多云计算服务商多年默默的耕耘。2008 年，云计算专利申请数量是 49 项，2020 年，云计算专利申请数量达 23704 项，增长 482.8 倍，年复合增长率达 67.39％（图 3-4）。同期，云计算专利授权年复合增长率达 88.8％。两者年复合增长率均高于全国专利申请年复合增长率和全国专利授权年复合增长率。中国具有高达 6.3 亿的网民群体，目前国内仅有 3 万个机柜，对比美国的 3 亿群体有 2.4 万个机柜可以看出，中国的数据市场规模还远未达到平衡点，未来将保持高速增长的态势。由于企业客户运营模式的改革，企业的云化增加了对大数据及专业数据中心的需求。未来云计算产业将呈现规模化发展趋势，创新、服务、合作、技术将推动互联网科技企业走得更高更远。

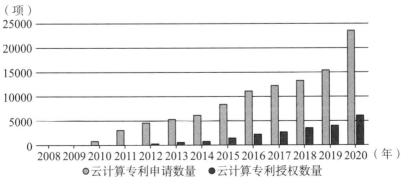

图 3-4　2008—2020 年云计算专利申请数量及授权数量

（四）大数据专利数量稳步上升

一直以来，党中央、国务院高度重视大数据在推进经济社会发展过程中的地位和作用。2014年，大数据首次写入政府工作报告，逐渐成为各级政府关注的热点，政府数据开放共享、数据流通与交易、利用大数据保障和改善民生等概念深入人心。此后，国家相关部门出台了一系列政策，鼓励大数据产业发展。国家出台的政策为大数据行业的快速发展营造了良好的政策环境。

基于这样的政策背景，2008年，大数据专利申请数量是897项，2020年大数据专利申请数量达44948项，增长了49.1倍，年复合增长率达38.57％（图3-5）。同期，大数据专利授权年复合增长率达42.19％。两者年复合增长率虽低于全国专利申请和授权年复合增长率，但其增长趋势依然十分明显，其增长势头非常强劲。从图3-5中可以看出，2008年大数据的发展缓慢，直到2011—2012年，大数据的增长开始逐渐起步，2013—2014年开始加速增长，2015—2020年属于飞速增长阶段。这主要是与我国的移动互联网发展和物联网发展有密切关系。这两项技术的发展会产生海量数据，从而迫切需要大数据技术对海量数据进行计算、存储、收集、分析和运用。大数据时代的到来，将会给我国社会带来巨大的变化。

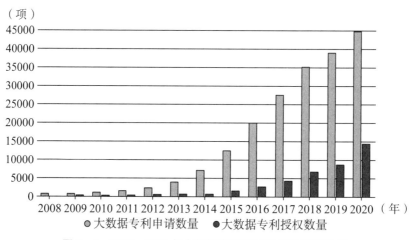

图3-5　2008—2020年大数据专利申请数量及授权数量

（五）物联网专利数量一直稳步增长，略有下降

作为新一代信息技术与制造业深度融合的产物，通过对人、机、物的全面互联，构建全要素、全产业链、全价值链全面连接的新型生产制造和服务体系，是数字化转型的实现途径，是实现新旧动能转换的关键力量。近年来，中

国物联网发展态势良好，相关政策有力提升了产业融合创新水平，促进了实体经济高质量发展。工业互联网、数据中心等数字基础设施日益成为新型基础设施的重要组成部分。在经济社会发展的情况下，推动物联网行业加快发展是缓解经济下行压力、短期刺激有效需求和长期增加有效供给的优先选择。2008—2020 年，在物联网专利领域，2008 年物联网专利申请数量是 64 项，2020 年物联网专利申请数量是 37863 项，年复合增长率达 70.22%。同期，物联网专利授权年复合增长率达 80.31%（图 3-6）。两者年复合增长率均高于全国专利申请和授权年复合增长率。

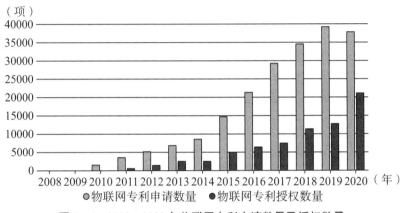

图 3-6　2008—2020 年物联网专利申请数量及授权数量

可以说，物联网的发展代表了整个社会信息领域的发展。我国对物联网的技术研究与发达国家几乎同步。华为、中兴等国内科技企业积极投入对技术的研发和应用，在行业技术标准的制定中起了重要作用，并拥有核心技术的知识产权。在未来物联网的快速发展过程中，我国的企业若能在掌握技术发展主动权的基础上，加强对应用市场的开发和拓展，那么在物联网产业的发展中将大有可为。

第三节　中国东、中、西部地区数字科技发展不平衡

本节按照东部、中部和西部三个经济带进行研究。其中，东部地区包括北京、天津、河北、辽宁、上海、江苏、浙江、福建、山东、广东和海南。中部地区包括山西、吉林、黑龙江、安徽、江西、河南、湖北和湖南。西部地区涵盖内蒙古、广西、重庆、四川、贵州、云南、西藏、陕西、甘肃、青海、宁

夏、新疆。由于地理位置、经济水平的差异，东、中、西部地区数字科技的发展水平也呈现出巨大的差异性，下面我们将从整体及局部的角度来分析差异。

一、东、中、西部地区数字科技整体发展情况

我国数字科技发展具有突出的区域特征，东部地区数字科技发展水平较高，一方面，是由于其经济基础优势显著，可以为数字科技的发展提供充分的人才、资金等资源保障；另一方面，其扎实的产业基础也为数字科技的发展提供了广阔的空间。

2008年，东部地区的专利申请数量是1365项；2020年，东部地区的专利申请数量是139207项，比2008年增长了100.98倍，年复合增长率达47.02%。同期，中部地区增长了147.58倍，年复合增长率达51.7%；西部地区增长了96.13倍，年复合增长率达46.42%（图3—7）。三者之中，中部地区增长最多，但东部地区的绝对数量增长异常明显。东部地区的专利申请数量具有明显优势。而中、西部地区的专利申请数量均值最多的省份——四川省仅为2043.15项，然后是湖北省为1397.46项。2008—2020年，河南省的专利申请数量从4项增长至3024项，增长了755倍，是增长最快的省份。

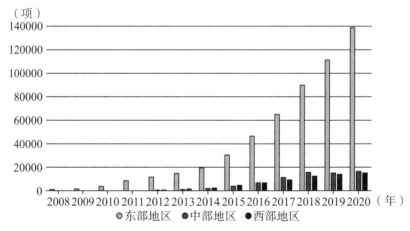

（项）

图3—7　2008—2020年东、中、西部地区数字科技专利申请数量

2008年，东部地区专利授权数量是330项；2020年，东部地区专利授权数量是42959项，比2008年增长了129.18倍，年复合增长率达50.04%。同期，中部地区增长了241.10倍，年复合增长率达58%；西部地区增长了448.73倍，年复合增长率达66.37%（图3—8）。可以看出，虽然西部地区绝

对数增长最低，但其年复合增长率却最高，其后发优势明显。东部地区依靠其经济和地域优势，在绝对数量上仍表现明显。

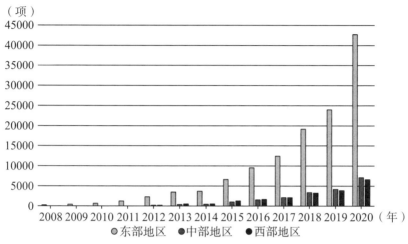

图3-8 2008—2020年东、中、西部地区数字科技专利授权数量

二、东、中、西部地区数字科技发展差异明显

东、中、西部地区专利申请及授权数量情况见表3-1。

表3-1 东、中、西部专利申请及授权数量情况

地区	人工智能专利申请数量	人工智能专利授权数量	区块链专利申请数量	区块链专利授权数量	云计算专利申请数量	云计算专利授权数量	大数据专利申请数量	大数据专利授权数量	物联网专利申请数量	物联网专利授权数量
东部地区	119957	23088	35762	2486	85871	17860	153306	32179	152285	52599
中部地区	15594	4102	2317	218	10253	2330	24015	5495	25223	9700
西部地区	13068	3460	2799	255	9010	2476	20910	5196	26152	10057

首先，从专利的种类上看，各专利的申请数量和授权数量是不平衡、不充分的。在专利的申请数量上，东部地区的大数据专利申请数量是153306项，在各种类专利申请数量中排第一。而中部地区的区块链专利申请数量是2317项，在各种类专利申请数量中排最后。在专利的授权数量上，东部地区的物联网专利授权数量是52599项，在各种类专利授权数量中排第一，而中部地区的区块链专利授权数量是218项，是各种类专利授权数量中最少的。

　　其次，我国东、中、西部地区的专利发展情况也是不平衡、不充分的。在专利申请数量方面，东部地区在人工智能、区块链、云计算、大数据以及物联网中相较于中部地区或者西部地区，其发展势头都非常强劲，且数量远超中、西部地区，共计有 547181 项；而中西部地区的专利申请数量分别是 77402 项和 71939 项。在专利授权数量方面，东部地区在人工智能、区块链、云计算、大数据和物联网中仍然远超中、西部地区，共计有 128212 项；中、西部地区的专利授权数量分别是 21845 项和 21444 项。由此可以看出，东部地区无论是在专利申请数量上还是在专利授权数量上都占尽先机，而中部地区和西部地区的专利申请数量和专利授权数量的发展虽彼此之间也有差距，但这种差距很小，且互有突出的地方，因此其发展趋势势均力敌，不相上下。

　　再次，从东、中、西部地区各自的区域来看，东部地区专利申请数量最多的是大数据，为 153306 项；物联网专利申请数量略低于大数据，有 152285 项，区块链专利申请数量最少，有 35762 项。东部地区专利授权数量最多的是物联网，有 52599 项；最少的是区块链，有 2486 项。中、西部地区专利申请数量最多的也是物联网，分别是 25223 项和 26152 项；而中、西部地区专利授权数量最少的是区块链，分别是 218 项和 255 项。因此，可以看出，无论是从地域上还是从全国的层面来看，物联网专利申请数量和专利授权数量的发展都是非常强势的，而区块链的专利申请数量和专利授权数量的发展相较于其他各项专利的发展是最缓慢的。

第四节　数字科技在不同地区发展特征

一、东部地区数字科技发展起引擎作用

　　2008—2020 年，东部地区专利申请数量年复合增长率是 47.02%，年平均数量是 42090.85 项；专利授权数量年复合增长率是 50.04%，年平均数量是 9862.46 项。从图 3－9 中可以看出，东部地区的专利申请数量和专利授权数量从 2008 年开始呈现出逐步向上发展的趋势，专利申请数量和专利授权数量彼此间也具有一定的相关性。对于全国的专利申请和授权情况来说，也具有强劲的虹吸效益和引擎作用。2008—2020 年东部地区专利申请数量及授权数量情况见表 3－2。

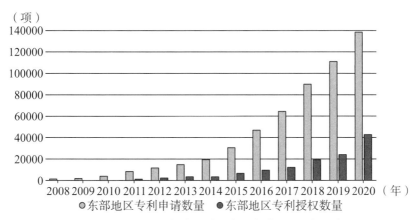

图3-9　2008—2020年东部地区专利申请数量和授权数量

表3-2　2008—2020年东部地区专利申请数量及授权数量情况

年份	东部地区专利申请数量（项）	东部地区专利授权数量（项）
2008	1365	330
2009	1934	468
2010	4074	721
2011	8888	1379
2012	11907	2439
2013	15168	3580
2014	19803	3798
2015	30741	6759
2016	47041	9713
2017	65206	12584
2018	90145	19323
2019	111702	24159
2020	139207	42959

二、中部地区数字科技发展起桥梁作用

2008—2020年，中部地区专利申请数量年复合增长率是51.70％，年平均数量是5954项；专利授权数量年复合增长率是58％，年平均数量是1680.38项

（图3-10）。从2012年开始，中部地区的专利申请数量与授权数量开始稳步向上突破，相较于东部地区，2018—2020年三年的涨幅不大，在2019年甚至出现了小幅回落的情况。但中部地区的专利发展趋势为东部地区和西部地区的专利发展储备了人才，对东部地区和西部地区的专利发展起到了联动效应。2008—2020年中部地区专利申请数量及授权数量情况见表3-3。

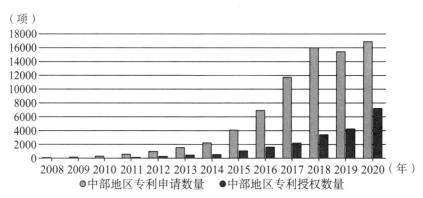

图3-10　2008—2020年中部地区专利申请数量和授权数量

表3-3　2008—2020年中部地区专利申请数量及授权数量情况

年份	中部地区专利申请数量（项）	中部地区专利授权数量（项）
2008	114	30
2009	198	56
2010	313	83
2011	624	161
2012	1009	321
2013	1566	506
2014	2266	560
2015	4115	1121
2016	6938	1657
2017	11771	2262
2018	16057	3521
2019	15493	4304
2020	16938	7263

三、西部地区数字科技发展水平有待提高

2008—2020 年，西部地区专利申请数量年复合增长率是 46.42%，年平均数量是 5533.77 项；专利授权数量年复合增长率是 66.37%，年平均数量是 1649.54 项（图 3－11）。2008—2020 年西部地区专利申请数量及授权数量情况见表 3－4。

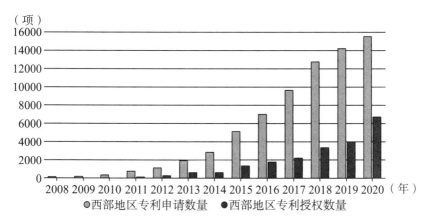

（项）

西部地区专利申请数量　西部地区专利授权数量

图 3－11　2008—2020 年西部地区专利申请数量和授权数量

表 3－4　2008—2020 年西部地区专利申请数量及授权数量情况

年份	西部地区专利申请数量（项）	西部地区专利授权数量（项）
2008	160	15
2009	207	45
2010	348	85
2011	772	154
2012	1134	288
2013	1951	637
2014	2888	624
2015	5170	1367
2016	7065	1798
2017	9649	2265
2018	12805	3403

续表

年份	西部地区专利申请数量（项）	西部地区专利授权数量（项）
2019	14249	4017
2020	15541	6746

第五节　数字科技在不同省市发展特征

一、广东省、北京市数字科技发展强劲

广东省的专利申请数量及授权数量整体增速都较快，除区块链专利授权数量比北京稍少外，其他各项专利数量相比于其他省市都稳居全国第一。从专利授权数量来看，广东省的专利授权数量从 2008 年的 101 项增至 2020 年的13301 项，增长了 131.69 倍；2008—2020 年专利授权数量均值为 2764.92 项，居全国前列；其次是北京，同期均值是 1964.31 项。从专利申请数量来看，2008—2020 年广东省专利申请数量年均值为 13897.92 项，位居全国第一。2008—2020 年广东省专利申请数量及授权数量如图 3-12、表 3-5 所示。

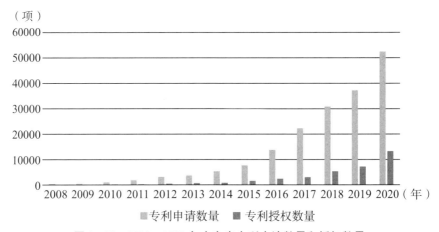

图 3-12　2008—2020 年广东省专利申请数量和授权数量

表 3－5　2008—2020 年广东省专利申请数量及授权数量情况

年份	人工智能专利申请数量（项）	人工智能专利授权数量（项）	区块链专利申请数量（项）	区块链专利授权数量（项）	云计算专利申请数量（项）	云计算专利授权数量（项）	大数据专利申请数量（项）	大数据专利授权数量（项）	物联网专利申请数量（项）	物联网专利授权数量（项）
2008	85	20	0	1	26	3	266	71	4	6
2009	107	33	0	0	31	16	332	95	33	7
2010	118	42	0	0	279	21	301	140	336	19
2011	149	38	0	0	756	34	364	130	569	81
2012	222	66	0	1	1515	77	530	145	868	206
2013	317	79	0	0	1545	146	874	137	1012	353
2014	455	92	0	0	1722	190	1617	155	1636	392
2015	601	143	10	0	1620	401	2642	338	2917	710
2016	1579	241	164	1	2702	660	4370	510	5035	1025
2017	3662	380	506	6	3030	610	6600	785	8491	1355
2018	7286	938	2743	29	3598	885	8258	1286	9053	2278
2019	10700	1360	3953	161	4186	1053	8851	1783	9560	2909
2020	15916	3158	7445	561	8770	1790	12306	3175	8050	4617

　　除广东省外，北京市的专利申请数量和专利授权数量整体上发展居第二位，但北京市的区块链专利授权数量比广东省略多，居全国之首（图 3－13），这与北京市政府的支持有关。近年来，北京市政府陆续出台了《北京工业互联网发展行动计划（2018—2020 年）》《北京市人民政府关于积极推进"互联网＋"行动的实施意见》《北京市人民政府关于加强城市精细化管理工作的意见》《北京市深入推进"互联网＋流通"行动实施方案》《〈中国制造 2025〉北京行动纲要》等具体的物联网建设规划及方案，以智慧城市物联网解决方案作为突破口和主攻方向，在很大程度上助推了北京市数字科技的发展。2008—2020 年北京市专利申请数量及授权数量情况见表 3－6。

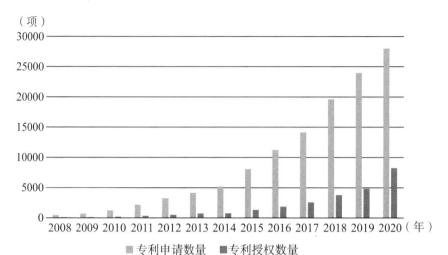

图 3－13　2008—2020 年北京市专利申请数量和授权数量

表 3－6　2008—2020 年北京市专利申请数量及授权数量情况

年份	人工智能专利申请数量（项）	人工智能专利授权数量（项）	区块链专利申请数量（项）	区块链专利授权数量（项）	云计算专利申请数量（项）	云计算专利授权数量（项）	大数据专利申请数量（项）	大数据专利授权数量（项）	物联网专利申请数量（项）	物联网专利授权数量（项）
2008	169	29	0	0	11	0	291	63	15	5
2009	282	46	0	0	60	1	341	82	24	7
2010	212	86	0	0	371	1	386	107	291	14
2011	281	102	2	0	801	35	550	153	552	67
2012	356	94	0	0	1383	85	661	181	859	162
2013	472	107	0	1	1522	131	1116	196	1019	306
2014	508	138	0	1	1606	176	2039	200	1024	267
2015	706	190	20	1	2690	356	3011	334	1656	456
2016	1515	224	220	1	2723	587	4441	529	2364	529
2017	3022	294	756	6	2132	706	5371	881	2893	699
2018	5446	534	2165	46	2187	975	6266	1275	3594	955
2019	6801	856	2485	138	2971	949	7197	1705	4544	1196
2020	8519	2082	3530	583	4669	1072	7492	2691	3837	1843

二、湖北省、河南省数字科技专利数量增长明显

湖北省的数字科技专利申请数量和专利授权数量发展趋势强劲，其大数据专利申请数量和授权数量发展异常明显，其次是物联网和人工智能（图 3-14）。区块链技术发展缓慢，从 2017 年开始才有所发展。湖北省政府出台的《促进新一代人工智能产业发展三年行动计划（2018—2020 年）》，要求力争到 2020 年，一系列人工智能标志性产品取得重要突破，在若干重点领域形成国际竞争优势，人工智能和实体经济进一步深度融合，产业发展环境进一步优化。2008—2020 年湖北省专利申请数量及授权数量情况见表 3-7。

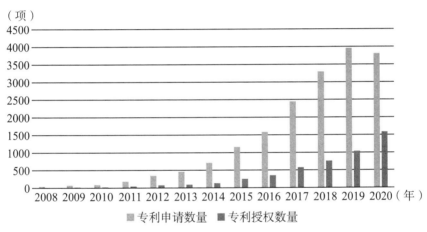

图 3-14　2008—2020 年湖北省专利申请数量和授权数量

表 3-7　2008—2020 年湖北省专利申请数量及授权数量情况

年份	人工智能专利申请数量（项）	人工智能专利授权数量（项）	区块链专利申请数量（项）	区块链专利授权数量（项）	云计算专利申请数量（项）	云计算专利授权数量（项）	大数据专利申请数量（项）	大数据专利授权数量（项）	物联网专利申请数量（项）	物联网专利授权数量（项）
2008	20	5	0	0	4	0	19	6	0	1
2009	46	8	0	0	5	1	21	11	4	0
2010	27	11	0	0	17	2	21	9	25	2
2011	47	23	0	0	48	2	51	15	41	7
2012	63	14	0	0	129	19	71	19	83	30
2013	80	30	0	0	136	18	105	15	140	33

续表

年份	人工智能专利申请数量（项）	人工智能专利授权数量（项）	区块链专利申请数量（项）	区块链专利授权数量（项）	云计算专利申请数量（项）	云计算专利授权数量（项）	大数据专利申请数量（项）	大数据专利授权数量（项）	物联网专利申请数量（项）	物联网专利授权数量（项）
2014	96	28	2	0	160	30	229	28	223	46
2015	100	24	0	0	249	58	423	54	388	116
2016	197	58	24	0	263	56	624	87	477	152
2017	390	70	63	5	322	104	943	191	729	209
2018	688	93	157	7	377	117	1215	232	856	311
2019	974	213	173	9	429	140	1306	333	1077	345
2020	896	337	247	54	454	172	1278	467	935	555

河南省的大数据、物联网和云计算发展趋势异常明显。区块链技术发展仍较缓慢，需要进一步提升其核心竞争力。河南省的专利授权数量从 2008 年的 4 项增至 2020 年的 1687 项，增长了 421.75 倍，增长速度表现明显（图 3-15）。河南省政府出台的《河南省智能制造和工业互联网发展三年行动计划（2018—2020）》，要求力争到 2020 年全省"两化"（工业化、信息化）融合发展水平进入全国第一方阵，智能转型走在全国前列，制造业重点领域基本实现数字化，努力构建以智能制造为主流、工业互联网广泛覆盖的制造业发展格局。2008—2020 年河南省专利申请数量及授权数量情况见表 3-8。

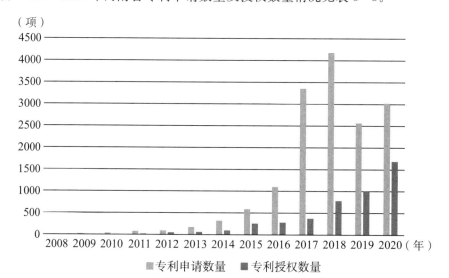

图 3-15　2008—2020 年河南省专利申请数量和授权数量

表 3-8 2008—2020 年河南省专利申请数量及授权数量情况

年份	人工智能专利申请数量（项）	人工智能专利授权数量（项）	区块链专利申请数量（项）	区块链专利授权数量（项）	云计算专利申请数量（项）	云计算专利授权数量（项）	大数据专利申请数量（项）	大数据专利授权数量（项）	物联网专利申请数量（项）	物联网专利授权数量（项）
2008	2	4	0	0	0	0	2	0	0	0
2009	10	2	0	0	0	0	7	4	5	0
2010	6	5	0	0	1	1	9	5	23	0
2011	26	4	0	0	6	0	20	5	29	12
2012	27	10	0	0	15	8	12	9	43	26
2013	40	14	0	0	13	4	23	3	100	42
2014	40	9	0	0	26	4	58	6	202	82
2015	80	18	0	0	91	25	128	28	291	188
2016	91	36	0	0	295	40	369	53	347	156
2017	270	46	14	0	1201	63	1150	93	724	174
2018	512	101	75	1	1104	89	1443	222	1043	369
2019	438	144	73	5	218	125	848	301	993	427
2020	565	240	118	24	266	232	1056	445	1019	746

三、四川省、陕西省数字科技发展势头迅猛

2018 年，四川省政府出台了《四川省新一代人工智能发展实施方案（2018—2022）》，提出力争到 2022 年，四川省在人工智能基础研究、关键技术、重点产品、行业示范应用和产业发展等方面取得重要进展，人工智能总体技术与产业发展水平达到全国领先，与国际先进水平同步。到 2030 年，四川省形成较为完备的核心技术、关键系统、支撑平台、智能应用的产业链和高端产业群的创新创业生态体系，极大拓展人工智能在生产生活、社会治理等方面应用的广度和深度，人工智能产业成为引领四川省社会经济快速发展的主导产业。建设一批国内领先的人工智能科技创新和人才培养基地，建成更加完善的人工智能法律法规、伦理规范和政策体系。在这些政策的指引下，四川省在西部地区数字科技专利技术方面的发展最快，尤其是物联网专利申请数量和大数据专利申请数量发展迅猛。2008—2020 年四川省专利申请数量和授权数量如

图 3-16 所示, 2008—2020 年四川省专利申请数量及授权数量情况见表 3-9。

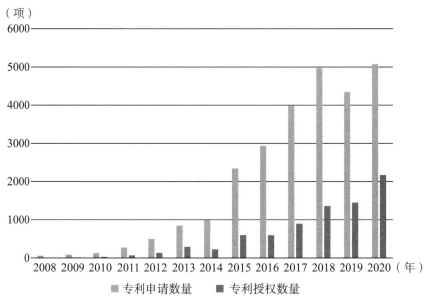

图 3-16　2008—2020 年四川省专利申请数量和授权数量

表 3-9　2008—2020 年四川省专利申请数量及授权数量情况

年份	人工智能专利申请数量（项）	人工智能专利授权数量（项）	区块链专利申请数量（项）	区块链专利授权数量（项）	云计算专利申请数量（项）	云计算专利授权数量（项）	大数据专利申请数量（项）	大数据专利授权数量（项）	物联网专利申请数量（项）	物联网专利授权数量（项）
2008	12	2	0	0	0	0	37	4	15	1
2009	33	6	0	0	8	0	35	3	14	7
2010	19	10	0	1	23	4	26	9	62	6
2011	30	8	0	0	56	6	57	21	131	35
2012	59	13	0	0	141	25	89	27	208	70
2013	77	16	0	0	183	61	142	43	449	176
2014	100	22	0	0	231	47	220	36	433	124
2015	173	45	0	0	471	77	683	74	1017	405
2016	318	60	17	1	491	81	919	148	1195	309
2017	626	94	89	1	571	116	1275	254	1421	432
2018	800	148	364	3	590	213	1620	402	1602	595

续表

年份	人工智能专利申请数量（项）	人工智能专利授权数量（项）	区块链专利申请数量（项）	区块链专利授权数量（项）	云计算专利申请数量（项）	云计算专利授权数量（项）	大数据专利申请数量（项）	大数据专利授权数量（项）	物联网专利申请数量（项）	物联网专利授权数量（项）
2019	1039	213	257	26	374	216	1299	408	1380	588
2020	1098	463	432	85	470	232	1522	538	1558	852

陕西省的数字科技专利发展速度在西部地区排名第二。其物联网专利申请数量和大数据专利申请数量仅次于四川省。陕西省在物联网技术上的发展有自己的优势，其在人工智能和大数据技术方面的发展也比较有优势。这与该省出台的相关政策密不可分。2008—2020年陕西省专利申请数量和授权数量如图3—17所示，2008—2002年陕西省专利申请数量及授权数量情况见表3—10。

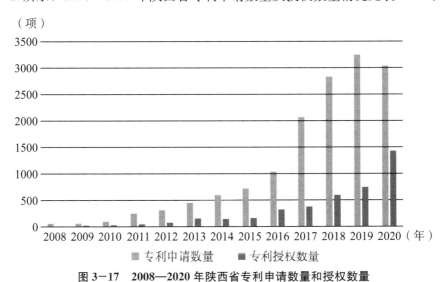

（项）

图 3—17 2008—2020 年陕西省专利申请数量和授权数量

表 3—10 2008—2020 年陕西省专利申请数量及授权数量情况

年份	人工智能专利申请数量（项）	人工智能专利授权数量（项）	区块链专利申请数量（项）	区块链专利授权数量（项）	云计算专利申请数量（项）	云计算专利授权数量（项）	大数据专利申请数量（项）	大数据专利授权数量（项）	物联网专利申请数量（项）	物联网专利授权数量（项）
2008	44	3	2	0	0	0	11	2	0	0
2009	36	14	0	0	0	0	16	7	9	1
2010	45	19	0	0	6	0	34	11	12	1

年份	人工智能专利申请数量（项）	人工智能专利授权数量（项）	区块链专利申请数量（项）	区块链专利授权数量（项）	云计算专利申请数量（项）	云计算专利授权数量（项）	大数据专利申请数量（项）	大数据专利授权数量（项）	物联网专利申请数量（项）	物联网专利授权数量（项）
2011	60	25	0	0	82	3	34	8	72	11
2012	59	35	0	0	46	1	65	16	141	25
2013	104	28	0	0	74	29	110	20	160	78
2014	102	22	0	0	150	27	152	33	195	62
2015	97	28	0	0	115	14	241	31	269	89
2016	143	46	8	0	144	42	335	77	408	157
2017	381	68	16	0	268	52	597	105	807	150
2018	485	100	127	1	327	83	714	185	1177	228
2019	717	147	242	13	289	81	806	188	1192	317
2020	802	285	167	44	298	142	801	328	964	628

第四章 老龄化对数字科技创新的影响

第一节 理论分析

一、研究背景

习近平总书记多次对老龄工作作出重要指示，要求各级党委和政府高度重视并切实做好老龄工作，贯彻落实积极应对人口老龄化国家战略。1953—2021年，中国65岁及以上人口数从2633万增至1.9亿，根据联合国在《人口老龄化及其社会经济后果》中所划分的标准，若65岁及以上的人口数占比超过7%，则意味着这个国家或地区的人口处于老龄化状态。按此标准，中国从2010年开始就已正式进入老龄化社会，且老龄化进程不断加剧，中国老龄化程度在全球已处于中上水平。新中国成立以来，历次人口普查各年龄组人口占比情况见表4-1。2020年世界主要国家的老龄化排名见表4-2。

表4-1 新中国成立以来历次人口普查各年龄组人口占比情况

普查年份	总人口数（万人）	较上次普查的人口增长率（%）	15～64岁人口比例（%）	65岁及以上人口比例（%）
1953年	59435	—	59.31	4.43
1964年	69458	16.86	55.75	3.57
1982年	100818	45.15	61.50	4.91
1990年	113368	12.45	66.74	5.57
2000年	126583	11.66	70.15	6.96
2010年	133972	5.84	74.53	8.87
2020年	141178	5.38	68.55	13.50

资料来源：国家统计局。

表4-2　2020年世界主要国家的老龄化排名

国家	2020年65岁及以上人口比例（％）
日本	28.40
意大利	23.30
葡萄牙	22.77
芬兰	22.55
希腊	22.28
德国	21.69
保加利亚	21.47
马耳他	21.32
克罗地亚	21.25
波多黎各	20.83
中国	13.50
全球平均	9.30

从表4-1可以看出，改革开放以来，中国经济高速增长在很大程度上得益于"人口红利"，而老龄化程度的逐年加剧则意味着"人口红利"逐渐消失，经济增长迫切需要寻求新动力。内生经济增长理论指出：技术进步是经济增长的唯一动力源泉。当前，创新成为引领经济持续健康发展的第一动力，是建设社会主义现代化体系的重要战略支撑。在创新活动中，人才资源是最活跃、最积极的因素，而我国老龄化程度正在不断加剧，因此在经济发展步入新常态的背景下，研究老龄化对我国数字科技创新的影响具有重要意义。

二、文献综述

目前，人口老龄化对科技创新的影响，学术界存在三种截然不同的观点。①消极影响：Fent和Prskawetz（2008）通过研究25个欧盟国家10年间对于新技术的使用情况发现，老龄人口比例高的国家采用新技术的比例更低；Noda（2011）认为人口老龄化会导致企业成新率下降；胡伟略（1991）认为养老负担加重对技术进步会产生不利影响；姚东旻（2017）等基于2003—2012年的省级面板数据，发现人口老龄化不利于科技创新；汪伟和姜振茂（2017）采用DFA方法测度我国29个省份的创新能力，认为人口老龄化会造成"人力资本负效应"和"老龄负担负效应";姚东旻、宁静(2017)研究发现人口老龄化会通过降低人力资本水平的方式抑制科技创新;豆建春(2019)选取世界上43个国家20年的跨国面板数据进行研究,结果表明人口老龄化对专利申请数量具有显著的负效应,因此认为人口老龄化与科技创新具有负相关关系。②积极观点:Cai和Stoyanov(2016)提出某些领域的创新对年龄具有依赖性,高龄员工反而更有优势;王箔旭和王淑娟(2017)研究1997—2014年的省级面板数据,发现人口老龄化对技术创新和经济增长有促进作用;邓翔、张卫和万春林(2019)选用经合组织成员国在1990—2017年的跨国面板数据进行研究,发现人口老龄化对全要素生产率的影响显著为正;何玉琼和李阳明(2021)基于我国31省(市、自治区)在2002—2018年的省级面板数据进行研究,发现我国的人口老龄化对技术创新存在显著的正向作用。③倒U形影响:高越(2017)基于中国省级面板数据,以老年抚养比作为老龄化指标,发现人口老龄化与技术创新水平之间存在倒U形影响;杨校美(2018)利用G20成员国的面板数据进行研究,发现人口老龄化与技术创新呈现倒U形影响;楼永、王留瑜和郝凤霞(2020)基于我国30个省份在2006—2016年的省级面板数据进行研究,发现人口老龄化与科技创新水平之间存在显著的倒U形影响。④正U形影响:陈小辉、滕磊和卢孔标(2021)基于省级金融科技创新指数研究发现,老龄化程度与金融科技创新水平之间呈正U形影响。⑤影响不显著:姚东旻和李三希(2013)经过对比与理论分析认为,目前老龄化对中国科技创新水平的影响十分有限,原因在于我国高新技术行业占比较低、研发强度较低;但随着我国产业支持力度的不断加大和产业结构的不断升级,研发力度将持续加大,老龄化对科技创新的影响会逐渐显露;翟振武、金光照和张逸杨(2021)研究发现人口老龄化与技术创新之间并没有显著相关。

可以认为,目前关于人口老龄化对科技创新的影响规律,国内外学者均贡献了丰富的研究思路和研究成果,但尚未得出一致结论,大多数仅研究了人口老龄化与科技创新两者的关系,未深入探讨其内在的影响机制。数字科技指人工智能、区块链、大数据、云计算和物联网五项新一代数字技术,目前国内尚未有学者深入研究人口老龄化如何影响数字科技创新。本书将基于中国特殊国情,继续探究人口老龄化对数字科技创新的影响,厘清其内在的中介效应传导机制,并纳入空间因素进行稳健性检验。

三、影响机制分析

从养老和医疗保障支出的角度看，随着老年人口比例的逐渐增加，用于养老保障的财政支出也将增加，在政府财政支出一定的情况下，相应的其他方面的支出就会减少；同时，随着老年人口年龄的增长，身体机能逐渐下降，患病的概率也会随之增加，这样用于看病就医的费用就会增加，个人只需负责一部分费用，其余部分由国家财政支付，由此会对数字科技创新产生影响。

从家庭层面的角度看，一方面，由于家庭需要支付老人的养老支出，从而家庭成员用于其他方面的支出就会相应减少，这可能会挤占教育支出，教育水平变低会对人力资本产生影响，由此对科技创新产生影响；另一方面，随着医疗技术的不断提升，预期人均寿命不断延长，家庭就需要更多的资金应对老年人的突发情况，从而也会挤占其他的支出。

从劳动者数量和质量的角度看，当全面进入深度老龄化社会以后，企业的年轻劳动力数量变少，企业用工成本增加，企业可能更愿意聘请实践经验丰富且用工成本相对较低的老年劳动力，老年人可从工作中积累更多的经验、技能和知识，最终会提高劳动生产率并引起技术外溢，从而促进数字科技创新的发展。Bloom 等（2011）认为老龄人口会发挥其经验丰富、知识渊博的优点，通过实现"干中学"效应对数字科技创新产生促进作用。

从企业层面的角度看，在"人口红利"时期，劳动力资源丰富，国家和企业不需要投入过多的资本进行研发，只需扩大生产规模，充分利用劳动力。但随着深度老龄化程度的加剧，廉价劳动力的成本优势消失，中国已经进入了"刘易斯拐点"，制造业集中地区可能出现"用工荒"现象，这将倒逼企业投入大量资本进行数字科技创新，以填补原有的劳动力空缺。

综上分析，我们提出假设 H1：人口老龄化对数字科技创新存在非线性影响。当人口老龄化程度较低时，技术创新由于养老支出、医疗支出以及家庭支出等因素受到抑制；而当进入深度老龄化社会，且当人口老龄化程度超过某一临界值时，由于年轻劳动力用工成本增加，会倒逼企业聘请老年劳动力以及倒逼企业投入资本进行数字科技创新。

第二节　研究设计

一、样本选择与数据来源

考虑数据的可获得性，本书选择 2013—2021 年的省级面板数据进行实证检验。其中，各省、自治区和直辖市的专利申请数量数据来源于国家统计局，陆地面积来源于百度百科，其他数据来源于国家统计局和 Wind 数据库。

为消除异常值的影响，本书对连续变量进行了 ±1% 的 Winsorize 缩尾处理。

二、模型设定

文献梳理发现人口老龄化对科技创新既有正面影响，也有负面影响。为检验假设 H1，本书设计如下模型：

$$Dti_{it} = \alpha_0 + \beta_1 \times old_{it} + \eta_j \times X_{it} + \alpha_i + \lambda_t + \varepsilon_{it} \qquad (4-1)$$

式中，Dti_{it} 表示第 i 个省市区第 t 年的数字科技创新水平，其值越大，则数字科技创新水平越高；α_0 为截距项；α_i 为第 i 个省市区的个体效应；λ_t 为第 t 年的年度效应；ε_{it} 为随机误差项；old_{it} 为关键解释变量，即第 i 个省市区第 t 年的65 岁及以上的老年人口占比，β_1 为其系数，若 β_1 显著为正，则老龄化可提高地方政府的数字科技创新水平，η_j 为其控制变量的系数；X_{it} 为后文所设计的控制变量。

三、变量说明

（一）被解释变量

数字科技创新水平（Dti）：衡量科技创新通常包括创新投入和创新产出两个方面，从现有研究文献来看，通常采用研发支出占国内生产总值的比重和每一百万人中从事研发活动的人员数量这两个指标来测度创新投入，采用居民的数字科技专利申请数量来测度创新产出。考虑到本书主要探讨人口老龄化对数字科技创新的影响，更多的是体现了对数字科技创新产出的影响，故采用样本期内经归一化处理过的数字科技专利申请数量来表示。

（二）关键解释变量

人口老龄化程度（old）：评价人口老龄化的指标有很多，一是以 65 岁及以上的老年人口数占总人口数量的百分比来衡量；二是以 65 岁以上的老年人的数量与 15~64 岁人口的数量的比值来表示，称为老年人口抚养比或是老龄人口抚养系数。本书采用 65 岁及以上的老年人口数占总人口数量的百分比来衡量，但同时考虑到老年人口抚养比是从经济的角度反映人口老龄化社会后果的指标之一，因此本书又借鉴随淑敏、何增华（2020）的方法采用老年人口抚养比（$oldras$）来表示各个地区的人口老龄化程度。

（三）控制变量

经济发展水平（$pgdp$）：以 2013 年为基数计算的实际人均 GDP 来衡量，地区经济发展水平对数字科技创新的发展起着至关重要的作用，即经济增长给数字科技创新带来了更多的资金。

在校大学生人数占总人口比重（$hcap$）：指该地区在校大学生人数占总人口数量的比值。该变量反映了该地区进行数字科技创新活动的人才基础情况，在校大学生人数占比越高，该地的数字科技创新能力越强。

产业结构（str）：以第三产业增加值与第二产业增加值的比进行衡量。

金融发展水平（$fsize$）：金融发展水平对企业全要素生产率具有非线性影响（王翔、李凌，2012），通过对企业全要素生产率的影响进而影响数字科技创新，因此金融发展水平可能影响地方数字科技创新水平。

外商直接投资水平（fdi）：用外商直接投资额的自然对数来衡量。外商直接投资可以带来技术引进和技术溢出，对市场来说，对外开放程度加大了竞争力度，从而促使内资企业增加在技术创新方面的投入。

对外开放程度（$open$）：用货物和服务进口额占国内生产总值的比重衡量，该比重越大，表明经济的对外开放程度和依赖程度越高。

财政科技投入（$scispd$）：以财政收入取自然对数来衡量地方财政投入力度，地区财政收入越多，财政科技投入可能就越多，就越有利于地区数字科技创新。

政府干预（gov）：以各地区财政支出占 GDP 的比重来表示。

第三节　实证检验

一、描述性统计

主要变量描述性统计结果见表4-3，从表4-3可以看出，经过归一化处理的数字科技创新水平的最小值与最大值之间的差距较大，说明数字科技创新水平在各地区间存在差距；老年人口占比和老年人口抚养比的最小值与最大值之间同样差异明显，说明各地区间人口老龄化程度存在较大差异，且人口老龄化趋势十分明显；外商直接投资水平也呈现出明显增长趋势，说明对外开放程度深化了，外商资本在市场中的活跃程度也随之加深；经济发展水平最小值与最大值之间的差距也十分明显，说明各地区的经济发展水平还存在较大差异；此外，产业结构、在校大学生人数占总人口比重、金融发展水平、对外开放程度、财政科技投入以及政府干预各地区之间的差异也较大。

表4-3　主要变量描述性统计结果

变量名	观测值	均值	标准差	最小值	最大值
Dti	279	0.0836	0.1652	0	1
old	279	0.1103	0.0266	0.0550	0.1757
$oldras$	279	15.3283	3.9647	7.9000	26.0000
$pgdp$	279	1.6854	0.4219	0.7863	2.9121
fdi	279	14.3788	2.0353	7.6358	16.7051
$scispd$	279	4.3826	1.1331	1.4279	7.1723
$fsize$	279	0.4130	0.2907	−0.2967	1.0972
str	279	1.4150	0.7246	0.7043	5.0221
$hcap$	279	0.0205	0.0055	0.0100	0.0389
$open$	279	3718.9680	3747.5350	148.4086	18217.5100
gov	279	0.2945	0.2047	0.1068	1.3538

二、基准回归

基准回归结果见表4-4。由表4-4可以看出，老龄人程度二次项（$old2$）的系数均在5%或10%水平下显著为正，即人口老龄化程度与数字科技创新水平呈正U型关系：当人口老龄化程度较低时，人口老龄化程度与数字科技创新水平呈负相关关系，随着人口老龄化程度的提高，促进了数字科技创新的发展。因此，假设H1成立。

表4-4　基准回归结果

变量名	(1) Dt	(2) Dt	(3) Dt	(4) Dt
$old1$	-8.676^* (3.811)	-10.03^* (4.650)	-11.02^{**} (4.643)	-10.80^{**} (4.338)
$old2$	33.63^* (15.52)	38.26^* (18.08)	41.65^{**} (17.46)	40.21^{**} (15.90)
$pgdp$		-0.0159 (0.187)	-0.338 (0.223)	-0.210 (0.201)
str		0.0385 (0.0663)	-0.00459 (0.0777)	-0.0313 (0.0837)
fdi		0.0357^{**} (0.0135)	0.0259 (0.0142)	0.0218 (0.0148)
$open$		$-6.23\times10^{-5}{}^{**}$ (1.95×10^{-5})	$-5.23\times10^{-5}{}^{***}$ (1.33×10^{-5})	$-5.13\times10^{-5}{}^{***}$ (1.35×10^{-5})
$scispd$			0.0950^{**} (0.0401)	0.0814^{**} (0.0348)
$fsize$			-0.234 (0.131)	-0.275^* (0.135)
gov				0.553^* (0.288)
$Constant$	0.522^{**} (0.226)	0.364 (0.544)	0.688 (0.512)	0.491 (0.445)
观测值	279	279	279	279
R^2	0.362	0.588	0.627	0.638
N	31	31	31	31

注：***表示$p<0.01$，**表示$p<0.05$，*表示$p<0.1$。

控制变量方面，从表4-4可以看出，$open$的系数在5%水平下显著为负，这会削弱数字科技创新水平。*gov* 的系数在 10% 水平下显著为正，地区财政支出占地区生产总值中比例较高地区的数字科技创新水平较高。其他控制变量显著性较弱，不再赘述。

三、稳健性检验

对标准误在个体和时间上进行双重聚类调整，可克服自相关和异方差等问题对统计推断的影响（Petersen，2009）。稳健性检验结果见表 4-5。表 4-5 均采用双重聚类标准误，以增加估计结果的可靠性。

表 4-5 稳健性检验结果

变量名	(1) Dt	(2) Dt	(3) Dt
old		-9.002^{**} (3.628)	-16.44^{**} (6.857)
old2		32.61^{**} (13.94)	56.99^{***} (20.99)
pgdp	-0.224 (0.199)	-0.159 (0.237)	-0.217 (0.179)
str	-0.0241 (0.0830)	-0.0718 (0.0834)	-0.0407 (0.0780)
fdi	0.0200 (0.0145)	0.0185 (0.0122)	0.0257^{**} (0.0116)
open	$-5.36\times10^{-5}{}^{***}$ (1.39×10^{-5})	$-4.08\times10^{-5}{}^{**}$ (1.65×10^{-5})	$-6.00\times10^{-5}{}^{***}$ (9.78×10^{-5})
scispd	0.0720^{*} (0.0352)	0.102^{**} (0.0350)	0.0788^{***} (0.0291)
fsize	-0.261^{*} (0.134)	-0.221 (0.152)	-0.282^{***} (0.103)
gov	0.528^{*} (0.281)	0.586^{*} (0.270)	0.624^{***} (0.203)
urban		-1.472 (1.429)	
oldras	-0.0591^{**} (0.0242)		
oldras2	0.00156^{**} (0.0006)		
Constant	0.424 (0.449)	1.066 (0.676)	

续表

变量名	(1) Dt	(2) Dt	(3) Dt
观测值	279	279	248
R^2	0.635	0.651	0.615
N	31	31	31

注:*** 表示 $p<0.01$,** 表示 $p<0.05$,* 表示 $p<0.1$。

(1) 更换关键解释变量。以 $oldras$ 为关键解释变量,采用 FE 重新估计式 (4-1),结果为表 4-5 中 (1) 列。老年人口抚养比二次项 ($oldras2$) 的系数在 5% 水平下显著为正,说明老年人口抚养比与数字科技创新水平呈正 U 型关系。在更换关键解释变量的情况下,假设 H1 成立的结论是稳健的。

(2) 增加控制变量。增加城镇化程度 ($urban$),采用 FE 重新估计式 (4-1),结果为表 4-5 中 (2) 列。在增加控制变量的情况下,老龄化程度二次项 ($old2$) 的系数在 5% 水平下显著为正,假设 H1 成立的结论是稳健的。

(3) 工具变量法。人口老龄化程度会影响数字科技创新水平。数字科技创新水平难以影响人口老龄化程度,但仍可能因为人口老龄化程度存在测量误差及遗漏变量等产生内生性问题,以致人口老龄化程度具有内生性。在此,本书采用工具变量法进行内生性处理:基于其他省市区相同年度的人口老龄化程度的均值得到 $ivold$,以 $ivold$ 作为工具变量,采用工具变量法重新估计式 (4-1)。弱工具变量检验的 Cragg-Donald Wald F 统计量为 23.925,大于 10% 偏误下的临界值 7.03,即拒绝弱工具变量的假设,$ivold$ 为有效工具变量。以 $ivold$ 为工具变量,采用工具变量法估计模型,结果为表 4-5 中 (3) 列。人口老龄化程度二次项 ($old2$) 的系数在 1% 水平下显著为正,说明老龄化程度仍与数字科技创新水平呈正 U 型关系。因此,在排除内生性的情况下,假设 H1 成立的结论是稳健的。

第二部分

数字经济

　　自新型冠状病毒感染发生以来，世界各大经济体都受到了不同程度的冲击，数字经济在经济社会各个领域中得到更加迅速、广泛的应用，并成为应对全球经济下行压力的稳定器。为增强人们对数字经济的理解与应用，本部分在对数字经济相关概念、发展历史等方面进行分析的基础上，还对全国、省级和地市级的数字经济发展情况进行评估，以期更加精确、全面地反映当前我国各地数字经济的发展水平与阶段性特点。

第五章 历史沿革与动态内涵

数字经济学是研究数字经济相关理论的学科，故有必要对数字经济的历史沿革、动态内涵等做深入分析。

第一节 历史沿革

作为一种新经济形态，广义上的数字经济发展最早可上溯到 20 世纪 40—60 年代，近年来，随着"工业 4.0"、产业互联网、大数据、5G、人工智能、云计算、区块链等技术的创新与运用，数字经济开启了对传统工业经济的裂变式改造。整体来看，数字经济经历了数字经济起步阶段（20 世纪 40—60 年代）、数字经济浮现阶段（20 世纪 70 年代中期—20 世纪 90 年代中期）、数字经济兴起阶段（20 世纪 90 年代中期—21 世纪初）、数字经济发展阶段（21 世纪初—2015 年左右）、全面数字经济阶段（2016 年之后）五个阶段。

一、数字经济发展历程

（一）数字经济起步阶段

1946 年，世界第一台电子数字式计算机 ENIAC 在美国宾夕法尼亚大学诞生，标志着数字经济进入起步阶段。这一时期的商业模式是硬件实现了从第二代电子管到晶体管再到集成电路的演进，软件实现了从机器语言、汇编语言到标准化程序设计语言和人机会话式的 Basic 语言的发展。在这一阶段，语言、文字等内容被转化为计算机能够识别、存储、加工及传输的二进制代码，电子数字式计算机在这个阶段完成了体积缩小、价格下降、计算速度加快等进化过程。

1962 年，马克卢普提出"信息经济"概念，并深刻认识到"向市场提供信息产品或信息服务的那些企业"是重要的经济部门。20 世纪 60 年代末，随着信息技术的兴起与运用，以及美国国防部 1969 年阿帕网的建立，数字经济开始进入互联网阶段，也即通过网络通信技术实现人与物、人与人、物与物之间的实时连接。1969 年，互联网最早被美国用于军事通信。随着信息处理能力的飞速提升，数字技术从科学计算应用逐步延伸到公司管理、消费购物、生活娱乐等方面，人类生产、生活等部分信息内容可被数字化记录，对经济社会的影响也初步显现。

（二）数字经济浮现阶段

20 世纪 70 年代中期—20 世纪 90 年代中期，以与 IT 相关的软件开发和硬件制造为主体的信息与通信技术产业迅猛发展。一方面，大规模集成电路的出现和微型处理器的发明进一步缩小了电子计算机的体积，个人计算机（PC）的出现使得计算机开始进入中小型企业和居民生活中，并在商业领域实现了广泛运用。1971 年，Intel 公司生产出全球第一款微处理器 Intel 4004。1977 年，马克·波拉特指出，除了马克卢普所说的"第一信息部门"，还应包括融合信息产品和服务的其他经济部门，就是所说的"第二信息部门"。1979 年，IBM－PC 5150 计算机采用 Intel 8808 处理器，是第一部具有真正意义的个人计算机。软件也在编程语言、操作系统、数据库等方面呈现出诸多创新，并在商业领域和居民家庭生活中实现快速广泛运用。随着 IT 在居民生活和商业领域的大量应用，这大大降低了经济系统的运行成本，并提高了居民生活的便利性，进一步深化了数字技术对经济社会的影响。

（三）数字经济兴起阶段

从建立阿帕网到逐渐形成 NSFnet、万维网等主干网，以及 1993 年美国政府推出的"信息高速公路"战略，标志着计算机网络进入信息高速公路发展阶段。1994 年 3 月 1 日，美国《圣选戈联合论坛报》首次出现了数字经济一词。1995 年，唐·泰普斯科特首次提出数字经济概念。1997 年，日本通产省开始使用"数字经济"的提法。1998 年、1999 年、2000 年，美国商务部出版了名为《浮现中的数字经济》和《数字经济》的研究报告，对在当时最凸显数字经济形式的电子商务进行了具体描述，电子商务等新业态、新模式甚至超越了马克·波拉特提出的"第一信息部门"和"第二信息部门"。1995 年，中国正式进入 2G 通信时代，手机增加了上网功能。

当下的诸多互联网巨头就是从此阶段开始起步的，如 1996 年拉里·佩奇和谢尔盖·布林共同创建了谷歌；1997 年丁磊在广州创办了网易；搜狐、腾讯、新浪三个公司于 1998 年创办；1999 年风靡全国的腾讯 QQ 出现，阿里巴巴开启电商新时代；2000 年李彦宏于北京中关村成立了百度公司。在此期间，随着互联网等数字技术日趋成熟，并大规模被应用于经济社会实践，数字经济开始被广泛提及，并引起社会大力关注，政府和企业的数字化程度逐渐提高，数字经济开始迅猛发展。

（四）数字经济发展阶段

21世纪以来，随着物联网、云计算、大数据、人工智能等数字技术的不断迭代创新，特别是移动通信技术的进步与智能手机的出现，以及互联网企业平台化趋势愈发明显，数字技术开始被广泛运用，各国政府与企业也纷纷加速对数字经济的研究与运用，并逐渐成为各国政府促进产业转型升级、拉动经济增长的重要手段。

2000年，美国商务部发布了《新兴的数字经济》等报告，指出数字经济是20世纪90年代中后期美国经济繁荣增长的重要因素，并第一次从政府官方的角度提出数字经济时代已全面来临。2002年，世界经济信息论坛在全球首次发布的《全球信息技术报告》中提到了数字经济，经合组织（OECD）连续多年发布和数字经济相关的研究报告和工作论文，并在多项研究标题中直接使用"数字经济"一词。2008年，国际金融危机后，世界贸易组织（WTO）、国际货币基金组织（IMF）、联合国贸易和发展会议（UNCTAD）、亚太经合组织（APEC）等与世界各国陆续开始制定数字经济发展战略，以期通过发展数字经济为经济增长寻求动力支撑。欧盟最先于2010年公布数字经济议程，美国于2015年公布数字经济议程，德国、英国、法国、俄罗斯、日本、韩国等均发布了数字化战略，以通过发展数字经济推动传统经济的数字化转型，为经济增长提供强劲动力。

在此期间，数字经济在我国政府、企业和个人应用中得到快速发展。我国政府也非常重视信息技术、数字技术对传统经济的促进作用，不同的是我国在名称上较多采用信息化和两化融合等概念。2007年，国家发布《电子商务发展"十一五"规划》，将电子商务服务业确定为国家重要的新兴产业。2014年，出台了《国家新型城镇化规划》，将智慧城市作为城市发展的全新模式，"互联网＋大数据"平台接入政府政务服务。2015年5月，国务院印发了《中国制造2025》，部署全面推进实施制造强国战略，这是我国实施制造强国战略第一个十年的行动纲领。2015年7月，李克强总理提出制定"互联网＋"行动计划，促进电子商务、工业互联网和互联网金融健康发展。2015年12月，习近平总书记在第二届世界互联网大会上提出了推进"数字中国"建设。

（五）全面数字经济阶段

当前，随着新一轮科技革命和产业变革的加速演进，数字经济开始向物联网、云计算、大数据、人工智能等新技术、新应用、新业态方向发展，数字经济已成为经济社会发展的新引擎。2005年，国际电信联盟提出物联网概念；2016年，云计算进入全面爆发阶段；2008年，大数据被正式提出；近年来，人工智能也得到迅速发展，区块链、平台经济等新业态纷纷涌现。

2016年以后，中国数字经济得到迅猛发展，2021年中国数字经济规模超过45万亿元，数字经济在GDP中所占的比重超过40%。2013—2021年，中国数字经济发展指数由1000上升至5610.60，8年间增长了4.61倍，年复合增长率24.06%，远超同期GDP指数增速。与此同时，在数字经济发展过程中遇到的问题也日益突出，如数据纷争的解决、数据标准的制定、数据安全的治理、数字鸿沟的跨越等问题也日渐进入公众视野。

二、中国数字经济相关政策

20世纪以来，我国深入实施数字经济发展战略，数字经济已成为世界上最具活力的新经济形态，这与国家强有力的政策支持密不可分，本书梳理了1999年以来国家层面与数字经济发展相关的规范性文件及习近平总书记关于数字经济的重要论述，充分说明了产业政策对我国数字经济发展产生的重要推动作用。2022年1月12日，国务院印发了《"十四五"数字经济发展规划》，明确了"十四五"时期推动数字经济健康发展的指导思想、基本原则、发展目标、重点任务和保障措施。国家层面与数字经济发展相关的政策文件见表5-1。

表5-1　国家层面与数字经济发展相关的政策文件

发布时间	政策名称	主要内容
2022年1月	《"十四五"数字经济发展规划》	建设高速泛在、天地一体、云网融合、智能敏捷、绿色低碳、安全可控的智能化综合性数字信息基础设施。有序推进骨干网扩容，协同推进千兆光纤网络和5G网络基础设施建设，推动5G商用部署和规模应用，前瞻布局第六代移动通信（6G）网络技术储备，加大6G技术研发支持力度，积极参与推动6G国际标准化工作。到2025年，数字经济核心产业增加值占GDP比重达到10%，数据要素市场体系初步建立，产业数字化转型迈上新台阶，数字产业化水平显著提升，数字化公共服务更加普惠均等，数字经济治理体系更加完善。

发布时间	政策名称	主要内容
2021 年 11 月	《"十四五"大数据产业发展规划》	"十四五"时期，大数据产业发展要以推动高质量发展为主题，以供给侧结构性改革为主线，以释放数据要素价值为导向，围绕夯实产业发展基础，着力推动数据资源高质量、技术创新高水平、基础设施高效能，构建稳定高效产业链，着力提升产业供给能力和行业赋能效应，统筹发展和安全，培育自主可控和开放合作的产业生态，打造数字经济发展新优势。到 2025 年底，我国大数据产业测算规模突破 3 万亿元，创新力强、附加值高、自主可控的现代化大数据产业体系基本形成。
2021 年 10 月	《物联网新型基础设施建设三年行动计划（2021—2023 年）》	到 2023 年底，在国内主要城市初步建成物联网新型基础设施，物联网连接数突破 20 亿，为物联网、数字化产业蓬勃兴起和全面发展赋能。
2021 年 10 月	《中共中央 国务院关于完整准确全面贯彻新发展理念做好碳达峰碳中和工作的意见》《2030 年前碳达峰行动方案》	碳达峰、碳中和"1＋N"政策体系的顶层设计出炉，为实现碳达峰、碳中和奠定坚实基础，进一步推动行业、企业共同建设工业互联网。
2021 年 5 月	《常见类型移动互联网应用程序必要个人信息范围规定》	规定明确了 39 类常见 APP 的必要个人信息范围，其中 13 类 APP 无需个人信息，即可使用基本功能服务。
2021 年 3 月	《中华人民共和国国民经济和社会发展第十四个五年规划和 2035 年远景目标纲要》	迎接数字时代，激活数据要素潜能，推进网络强国建设，加快建设数字经济、数字社会、数字政府，以数字化转型整体驱动生产方式、生活方式和治理方式变革。充分发挥海量数据和丰富应用场景优势，促进数字技术与实体经济深度融合，赋能传统产业转型升级，催生新产业新业态新模式，壮大经济发展新引擎。
2020 年 12 月	《工业互联网创新发展行动计划（2021—2023 年）》	2021—2023 年是我国工业互联网的快速成长期，提出了工业互联网新发展目标，其中包括新型基础设施进一步完善、融合应用成效进一步彰显、技术创新能力进一步提升、产业发展生态进一步健全和安全保障能力进一步增强。着力解决工业互联网发展中的深层次难点、痛点问题，推动产业数字化，带动数字产业化。

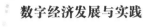

续表

发布时间	政策名称	主要内容
2020 年 12 月	《关于加快构建全国一体化大数据中心协同创新体系的指导意见》	提出布局建设全国一体化算力网络国家枢纽节点，加快实施"东数西算"工程，国家枢纽节点之间进一步打通网络传输通道，提升跨区域算力调度水平，加强对云算力服务、数据流通、数据应用、安全保障等方面的探索实践，发挥示范和带动作用。
2020 年 7 月	《关于支持新业态新模式健康发展 激活消费市场带动扩大就业的意见》	培育产业平台化发展生态、加快传统企业数字化转型步伐、打造跨越物理边界的"虚拟"产业园和产业集群，发展基于新技术的"无人经济"。
2020 年 4 月	《关于构建更加完善的要素市场化配置体制机制的意见》	培育数字经济新产业、新业态和新模式，支持构建农业、工业、交通、教育、安防、城市管理、公共资源交易等领域规范化数据开发利用的场景。
2020 年 4 月	《关于推进"上云用数赋智"行动 培育新经济发展实施方案》	大力培育数字经济新业态，深入推进企业数字化转型，打造数据供应链，以数据流引领物资流、人才流、技术流、资金流，形成产业链上下游和跨行业融合的数字化生态体系，构建设备数字化—生产线数字化—车间数字化—工厂数字化—企业数字化—产业链数字化—数字化生态的典型范式。主要方向为：筑基础，夯实数字化转型技术支撑；搭平台，构建多层联动的产业互联网平台；促转型，加快企业"上云用数赋智"；建生态，建立跨界融合的数字化生态；兴业态，拓展经济发展新空间；强服务，加大数字化转型支撑保障。
2020 年 3 月	《工业和信息化部办公厅关于推动工业互联网加快发展的通知》	在加快新型基础设施建设方面，提出改造升级工业互联网内外网络、增强完善工业互联网标识体系、提升工业互联网平台核心能力、建设工业互联网大数据中心，加快工业互联网发展步伐。

续表

发布时间	政策名称	主要内容
2020 年 3 月	《中小企业数字化赋能专项行动方案》	发展数字经济新模式新业态。扶持疫情防控期间涌现的在线办公、在线教育、远程医疗、无人配送、新零售等模式新业态加快发展，培育壮大共享制造、个性化定制等服务型制造新业态，深挖工业数据价值，探索企业制造能力交易、工业知识交易等新模式，鼓励发展算法产业和数据产业，培育一批中小数字化服务商。打造开源工业 APP 开发者社区和中小企业开放平台，搭建中小企业资源库和需求池，发展众包、众创、云共享、云租赁等模式。在中国国际中小企业博览会、中国（四川）中小微企业云服务大会、中国数字经济高端峰会等会议期间，举办中小企业数字化赋能高端论坛，促进理论研究与实践交流。
2019 年 10 月	《国家数字经济创新发展试验区实施方案》	各试验区要坚持新发展理念，推动高质量发展，坚持以深化供给侧结构性改革为主线，结合各自的优势和结构转型特点，在数字经济要素流通机制、新型生产关系、要素资源配置、产业集聚发展模式等方面进行大胆探索，充分释放新动能。
2019 年 6 月	《禁止垄断协议暂行规定》《禁止滥用市场支配地位行为暂行规定》《制止滥用行政权力排除、限制竞争行为暂行规定》	在技术细节上，一是明确了市场份额认定的指标范围；二是规定了认定具有市场支配地位的特殊考虑因素；三是规定了以低于成本价格销售商品的特殊情形，涉及互联网等新经济业态中的免费模式，应当综合考虑经营者提供的免费商品以及相关收费商品等情况。
2019 年 8 月	《关于促进平台经济规范健康发展的指导意见》	首次从国家层面对发展平台经济做出全方位部署，依法查处互联网领域滥用市场支配地位限制交易、不正当竞争等违法行为，严禁平台单边签订排他性服务提供合同，针对互联网领域价格违法行为特点制定监管措施。
2016 年 12 月	《工业和信息化部关于印发大数据产业发展规划（2016—2020 年）的通知》	到 2020 年，技术先进、应用繁荣、保障有力的大数据产业体系基本形成。大数据相关产品和服务业务收入突破 1 万亿元，年均复合增长率保持 30% 左右，加快建设数据强国，为实现制造强国和网络强国提供强大的产业支撑。

续表

发布时间	政策名称	主要内容
2016 年 12 月	《国务院关于印发"十三五"国家信息化规划的通知》	到 2020 年，"数字中国"建设取得显著成效，信息化发展水平大幅跃升，信息化能力跻身国际前列，具有国际竞争力、安全可控的信息产业生态体系基本建立。信息技术和经济社会发展深度融合，数字鸿沟明显缩小，数字红利充分释放。信息化全面支撑党和国家事业发展，促进经济社会均衡、包容和可持续发展，为国家治理体系和治理能力现代化提供坚实支撑。
2016 年 11 月	《国务院关于印发"十三五"国家战略性新兴产业发展规划的通知》	实施网络强国战略，加快建设"数字中国"，推动物联网、云计算和人工智能等技术向各行业全面融合渗透，构建万物互联、融合创新、智能协同、安全可控的新一代信息技术产业体系。到 2020 年，力争在新一代信息技术产业薄弱环节实现系统性突破，总产值规模超过 12 万亿元。
2016 年 9 月	《国务院关于加快推进"互联网＋政务服务"工作的指导意见》	2017 年底前，各省（区、市）人民政府、国务院有关部门建成一体化网上政务服务平台，全面公开政务服务事项，政务服务标准化、网络化水平显著提升。2020 年底前，建成覆盖全国的整体联动、部门协同、省级统筹、一网办理的"互联网＋政务服务"体系，大幅提升政务服务智慧化水平，让政府服务更聪明，让企业和群众办事更方便、更快捷、更有效率。
2016 年 5 月	《国务院关于深化制造业与互联网融合发展的指导意见》	到 2018 年底，制造业重点行业骨干企业互联网"双创"平台普及率达到 80％，相比 2015 年底，工业云企业用户翻一番，新产品研发周期缩短 12％，库存周转率提高 25％，能源利用率提高 5％。制造业互联网"双创"平台成为促进制造业转型升级的新动能来源，形成一批示范引领效应较强的制造新模式，初步形成跨界融合的制造业新生态，制造业数字化、网络化、智能化取得明显进展，成为巩固我国制造业大国地位、加快向制造强国迈进的核心驱动力。

发布时间	政策名称	主要内容
2015 年 8 月	《国务院关于印发促进大数据发展行动纲要的通知》	推动大数据发展和应用在未来 5~10 年逐步实现以下目标：打造精准治理、多方协作的社会治理新模式，建立运行平稳、安全高效的经济运行新机制，构建以人为本、惠及全民的民生服务新体系，开启大众创业、万众创新的创新驱动新格局，培育高端智能、新兴繁荣的产业发展新生态。
2015 年 7 月	《国务院关于积极推进"互联网＋"行动的指导意见》	到 2018 年，互联网与经济社会各领域的融合发展进一步深化，基于互联网的新业态成为新的经济增长动力，互联网支撑大众创业、万众创新的作用进一步增强，互联网成为提供公共服务的重要手段，网络经济与实体经济协同互动的发展格局基本形成。
2005 年 1 月	《国务院办公厅关于加快电子商务发展的若干意见》	完善政策法规，规范电子商务发展；加快信用、认证、标准、支付和现代物流建设，形成有利于电子商务发展的支撑体系；发挥企业的主体作用，大力推进电子商务应用；提升电子商务技术和服务水平，推动相关产业发展；加强宣传教育工作，提高企业和公民的电子商务应用意识；加强交流合作，参与国际竞争。
2002 年 9 月	《国务院办公厅转发国务院信息化工作办公室振兴软件产业行动纲要的通知》	到 2005 年，软件市场销售额达到 2500 亿元，国产软件和服务的国内市场占有率达到 60%；软件出口额达到 50 亿美元；培育一批具有国际竞争力的软件产品，形成若干家销售额超过 50 亿元的软件骨干企业；软件专业技术人才达到 80 万，人才结构得到优化；在国民经济和社会发展的关键领域大力发展具有自主知识产权的软件产品和系统。
2011 年 10 月（2001 年 7 月成文）	《国务院办公厅转发国家计委等部门关于促进我国国家空间信息基础设施建设和应用的若干意见的通知》	"十五"期间，国家空间信息基础设施建设的主要任务是：以促进我国地理空间信息共享为主要目标，组织制定地理空间信息标准规范；进一步完善国家级地理空间信息系统和遥感对地观测体系；建成多层次地理空间信息交换网络。

发布时间	政策名称	主要内容
2010 年 12 月 （1999 年 1 月成文）	《国务院办公厅转发信息产业部国家计委关于加快移动通信产业发展的若干意见的通知》	严格控制移动通信产品生产项目的立项、审批；加强对移动通信产品市场的宏观调控与管理的力度；对外商独资及合资移动通信产品制造企业技术转让、生产规模、内外销比例、本地化配套率等合同执行情况进行检查监督；对引进国外设计和生产技术并拥有自主品牌和一定知识产权的移动通信产品的建设项目，由信息产业部根据产业发展规划审查后，报国家计委审定等政策。

由上可看出，我国推动数字经济产业发展政策有以下几个鲜明特点：第一，从政策时机看，每一项政策的制定和出台具有极强的时效性，表明政府决策层对这一新生事物的分析研判是非常清醒和准确的。如 1997 年、1998 年的网易、搜狐等互联网企业成立以及北京海星凯卓和陕西华星第一单电子交易完成；1999 年 1 月国务院就转发了信息产业部、国家计委《关于加快移动通信产业发展若干意见的通知》（国办发〔1999〕5 号），反应非常迅速。第二，从政策体系看，众多政策外延不断扩大，但内涵一脉相承，有力地促进和保障了我国数字经济的快速发展。如 1999 年制定的加快发展移动通信产业的政策，2016 年以后明确将大力发展数字经济作为国家战略，2020 年更是将大数据、5G、人工智能、区块链、工业互联网作为"新基建"重点项目加快发展。第三，从政策成效上看，每个时期制定的政策都非常接地气，很好地发挥了引导作用，大大夯实了产业快速发展的政策基础和政策依据。陆续出台的一以贯之的政策效应迅速推动了我国数字产业接力发展、数字经济活动充满活力的良好局面。同时，这些政策体系也为我国数字经济相关法律法规的制定、出台总结了经验与奠定了基础。

第二节　动态内涵

目前，数字经济不仅限于经济领域，有关数字经济的定义，国际上还没有一个统一的说法，因此，把握什么是数字经济以及对数字经济的内涵进行深入研究显得尤为重要。

一、数字经济概念界定

数字经济是继农业经济、工业经济之后的一种新的经济社会形态。互联网经济、网络经济、信息经济仅仅是数字经济发展的某一阶段，我们认为数字经济是信息经济的高级阶段，数字经济的内涵远远大于信息经济，驱动数字经济发展的是数字技术的大规模运用与不断创新。目前，学术界对数字经济尚无明确的定义，不同机构和学者基于不同的经济社会环境给出了不同的定义。我们全面梳理了权威的研究机构和学者对数字经济的定义：

1995 年，加拿大学者唐·泰普斯科特最早提出数字经济的概念。当时，他对数字经济的认知尚停留在计算机及计算机网络领域中，认为所有信息和传输都可以用 0 和 1 这两个数字来体现和完成，并且预测了数字化对商业、政府、教育等 12 个领域可能产生的正面或负面的影响。此后，随着美国计算机科学家尼葛洛庞帝的《数字化生存》等一系列著作面世，数字经济的理念迅速流行起来。2002 年，美国学者金范秀将数字经济定义为一种特殊的经济形态，其本质为"商品和服务以信息化形式进行交易"。可以看出，由于当时的信息技术较为落后，"数字经济"这个词早期主要用于描述互联网对商业行为所带来的影响，其只是提质增效的一个助手工具，"数字经济"一词还是众多学者和机构关注探讨的对象。

OECD 将数字经济视为一种广义的数字技术集群，并从生态系统的视角对数字经济的范围进行了界定：数字经济是一个由数字技术驱动的、在经济社会领域发生持续数字化转型的"生态系统"，该"生态系统"包括大数据、物联网、人工智能和区块链。

美国经济分析局（Bureau of Economic Analysis，BEA）从互联网和相关信息通信技术的角度对数字经济进行了定义，认为数字经济既是与计算机网络运行相关的数字化基础设施，也是基于网络实现商业往来的电子商务业务，还是由数字经济使用者创造和使用的数字媒体。

2016 年，G20 杭州峰会发布了《二十国集团数字经济发展与合作倡议》，并将数字经济定义为：以使用数字化的知识和信息作为关键生产要素，以现代信息网络作为重要载体，以信息通信技术的有效使用作为效率提升和经济结构优化的重要推动力的一系列经济活动。

曼彻斯特发展信息中心的 Bukht 和 Heeks（2017）通过三个逐级递进的层次对数字经济进行了如下定义：数字经济的核心是生产基础数字产品和服务的

IT/ICT 部门。狭义的数字经济可以定义为经济产出当中完全或主要来源于以数字技术为基础的数字商品或服务；广义的数字经济可以定义为信息通信技术在所有经济领域的使用，通常称为数字化经济。

中国信息化百人会发布的《2017 中国数字经济发展报告》指出，数字经济是全社会信息活动的经济总和。数字经济是以数字化信息为关键资源，以信息网络为依托，通过信息通信技术与其他领域紧密融合的方式，从而形成了基础型、融合型、效率型、新生型、福利型五个类型。

中国信息通信研究院是我国长期跟踪的数字经济领域较权威的研究机构之一，其在《中国数字经济发展白皮书（2020 年）》中对数字经济的最新定义是：以数字化的知识和信息作为关键生产要素，以数字技术为核心驱动力，以现代信息网络为重要载体，通过数字技术与实体经济深度融合，不断提高数字化、网络化、智能化水平，加速重构经济发展与治理模式的新型经济形态。中国信息通信研究院定义的数字经济形态如图 5-1 所示。

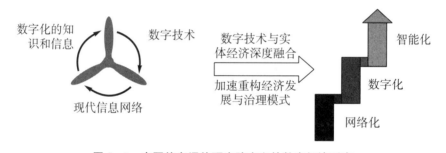

图 5-1　中国信息通信研究院定义的数字经济形态

二、数字经济动态内涵

数字经济内涵非常丰富，已渗透到各行各业，需从多方面深刻认识。

（一）数字经济包括数字产业化、产业数字化、数字化治理和数据价值化四大部分

一是数字产业化，是数字经济发展的基础部分。其是指为数字经济发展提供技术、产品、服务和解决方案等，主要包括电子信息制造业、通信业、软件和信息技术服务业等产业，是数字经济发展的先导产业。具体又分为资源型数字经济和技术型数字经济两个类型：资源型数字经济主要包括数据采集、数据存储、数据挖掘、数据交换交易等，技术型数字经济主要包括数字技术软硬件

产品开发、系统集成、数字安全以及 3D 打印、虚拟现实、可穿戴设备、人工智能等产业领域。

二是产业数字化。其是指传统产业数字化的数字经济融合部分，即数字技术对传统产业改造所带来的效率提升和产业增加的产业数字化部分，是数字经济发展的主阵地。传统产业应用数字技术所带来的生产数量和生产效率的提升，在数字经济中所占的比重越来越大，成为数字经济的主体部分，但这一部分较难准确衡量。产业数字化包括工业互联网、智能制造、车联网、两化融合、平台经济、共享经济等融合型新产业、新模式、新业态，具体分为融合型数字经济和服务型数字经济两类。其中，融合型数字经济是指数字技术通过与农业、工业等实体经济的融合创新，推动传统产业数字化转型升级，如智能制造、数字农业等；服务型数字经济是指通过服务业与数字技术的融合、应用与创新而涌现出的新模式与新业态，如智慧物流、数字金融、智慧教育、数字医疗等。

三是数字化治理。这是数字经济快速健康发展的保障。其是指运用数字技术实现行政决策、行政组织、行政执行、行政监督等体制更加优化的新型政府治理模式。数字化治理包括"数字技术＋治理"、数字化公共服务等。

四是数据价值化。价值化的数据是数字经济发展最为关键的生产要素。加快推进数据价值化进程是发展数字经济最基本的要求。习近平总书记多次强调，要构建以数据为关键要素的数字经济。中共十九届四中全会首次明确提出数据可作为生产要素按贡献参与分配。2020 年，国务院印发了《关于构建更加完善的要素市场化配置体制机制的意见》，其中明确提出要加快培育数据要素市场。数据价值化包括数据采集、数据标准、数据确权、数据标注、数据定价、数据交易、数据流转、数据保护等。

（二）数字经济超越了信息产业部门的范围，概念蕴意更为丰富

20 世纪六七十年代以来，数字技术飞速发展，促使 ICT 产业成为经济社会中创新最为活跃、成长最为迅速的战略性新兴产业。随着数字技术广泛应用于经济社会各行各业，这不但促进了全要素生产率的提升，开辟了经济增长新空间，而且使整个经济形态得以重塑。对数字技术的深入融合应用全面改造了经济面貌，数字经济已经完全超越了信息产业。

（三）数字经济是一种经济社会形态，也是一种技术经济范式

数字经济成为与工业经济、农业经济并列的经济社会形态，在基本特征、运行规律等方面与传统的农业经济和工业经济相比，已出现根本性变革。我们对数字经济的认识，需要不断拓展视野、范围和边界，也需要站在人类经济社会形态演化的历史长河中，全面审视数字经济对经济社会的革命性、系统性和全局性的影响。

另外，作为一种技术经济范式，数字技术具有基础性、广泛性、外溢性、互补性等特征，这将带来经济社会新一轮阶跃式发展和变迁，推动经济效率大幅提升，引发基础设施、主导产业、管理方式、国家调节体制等经济社会最佳惯行方式的变革，促进社会阶跃式变迁，"以人民为中心"的发展思想在数字经济领域得到了广泛体现，数字红利惠及更广大的人民群众。如以前的网上购物方式主要是看图下单，买的东西还不一定满意，现在网速很快，可以随时随地看网络直播，直播带货感觉更直观真实，购物满意度也大幅提升。

（四）数字经济是信息经济发展的高级阶段

信息经济既包括以数字化的知识和信息驱动的经济，又包括以非数字化的知识和信息驱动的经济，未来非实物生产要素的数字化是不可逆转的趋势，数字经济必将成为未来信息经济发展的方向。信息化、数字化仅仅是经济发展的一种重要手段，因此，数字经济除包括信息化外，还包括在信息化基础上所产生的经济和社会形态的变革，是信息化发展的结果。

第六章 类型划分与特性探究

建设数字中国必须要对数字经济的类型划分和本质特征有深入的把握，但是当前学术界和产业界对此的认知并不一致，因此，有必要分析和归纳数字经济的基本范围，深入研究数字经济的本质特征。

第一节 类型划分

《数字经济及其核心产业统计分类（2021）》从"数字产业化"和"产业数字化"两个方面，确定了数字经济的基本范围，并将其分为数字产品制造业、数字产品服务业、数字技术应用业、数字要素驱动业、数字化效率提升业等五大类。其中，前四大类为数字产业化部分，第五大类为产业数字化部分。

一、数字产业化部分

数字产业化部分，即数字经济核心产业，是指为产业数字化发展提供数字技术、产品、服务、基础设施和解决方案，以及完全依赖于数字技术、数据要素的各类经济活动，对应《国民经济行业分类》中的 26 个大类、68 个中类、126 个小类，是数字经济发展的基础。数字产业化部分核心产业统计见表6-1。

表 6-1　数字产业化部分核心产业统计

类别		核心产业
数字产品制造业	计算机制造	计算机整机制造、计算机零部件制造、计算机外围设备制造、工业控制计算机及系统制造、信息安全设备制造、其他计算机制造。
	通信及雷达设备制造	通信系统设备制造、通信终端设备制造、雷达及配套设备制造。
	数字媒体设备制造	广播电视节目制作及发射设备制造、广播电视接收设备制造、广播电视专用配件制造、专业音响设备制造、应用电视设备及其他广播电视设备制造、电视机制造、音响设备制造、影视录放设备制造。
	智能设备制造	工业机器人制造、特殊作业机器人制造、智能照明器具制造、可穿戴智能设备制造、智能车载设备制造、智能无人飞行器制造、服务消费机器人制造、其他智能消费设备制造。
	电子元器件及设备制造	半导体器件专用设备制造、电子元器件与机电组件设备制造、电力电子元器件制造、光伏设备及元器件制造、电气信号设备装置制造、电子真空器件制造、半导体分立器件制造、集成电路制造、显示器件制造、半导体照明器件制造、光电子器件制造、电阻电容电感元件制造、电子电路制造、敏感元件及传感器制造、电声器件及零件制造、电子专用材料制造、其他元器件及设备制造。
	其他数字产品制造业	记录媒介复制、电子游戏游艺设备制造、信息化学品制造、计算器及货币专用设备制造、增材制造装备制造、专用电线、电缆制造、光纤制造、光缆制造、工业自动控制系统装置制造。
数字产品服务业	数字产品批发	计算机、软件及辅助设备批发、通信设备批发、广播影视设备批发。
	数字产品零售	计算机、软件及辅助设备零售、通信设备零售、音像制品、电子和数字出版物零售。
	数字产品租赁	计算机及通信设备经营租赁、音像制品出租。
	数字产品维修	计算机和辅助设备修理、通信设备修理。
	其他数字产品服务业	

续表

类别	核心产业	
数字技术应用业	软件开发	基础软件开发、支撑软件开发、应用软件开发、其他软件开发。
	电信、广播电视和卫星传输服务	电信、广播电视传输服务、卫星传输服务。
	互联网相关服务	互联网接入及相关服务、互联网搜索服务、互联网游戏服务、互联网资讯服务、互联网安全服务、互联网数据服务、其他互联网相关服务。
	信息技术服务	集成电路设计、信息系统集成服务、物联网技术服务、运行维护服务、信息处理和存储支持服务、信息技术咨询服务、地理遥感信息及测绘地理信息服务、动漫、游戏及其他数字内容服务、其他信息技术服务。
	其他数字技术应用业	三维（3D）打印技术推广服务、其他未列明数字技术应用业。
数字要素驱动业	互联网平台	互联网生产服务平台、互联网生活服务平台、互联网科技创新平台、互联网公共服务平台、其他互联网平台。
	互联网批发零售	互联网批发、互联网零售。
	互联网金融	网络借贷服务、非金融机构支付服务、金融信息服务。
	数字内容与媒体	广播、电视、影视节目制作、广播电视集成播控、电影和广播电视节目发行、电影放映、录音制作、数字内容出版、数字广告。
	信息基础设施建设	网络基础设施建设、新技术基础设施建设、算力基础设施建设、其他信息基础设施建设。
	数据资源与产权交易	
	其他数字要素驱动业	供应链管理服务、安全系统监控服务、数字技术研究和试验发展。

二、产业数字化部分

产业数字化部分，是指应用数字技术和数据资源为传统产业带来产出增加和效率提升，是数字技术与实体经济的融合。该部分涵盖智慧农业、智能制造、智能交通、智慧物流、数字金融、数字贸易、数字社会、数字政府等数字化应用场景，对应《国民经济行业分类》中的 91 个大类、431 个中类、1256 个小类，证明数字技术已经进一步与国民经济各行业产生了深度渗透和广泛融合。产业数字化部分核心产业统计见表 6-2。

表 6-2　产业数字化部分核心产业统计

类别	核心产业	
数字化效率提升业（05）	智慧农业	数字化设施种植、数字林业、自动化养殖、新技术育种、其他智慧农业。
	智能制造	数字化通用、专用设备制造、数字化运输设备制造、数字化电气机械、器材和仪器仪表制造、其他智能制造。
	智能交通	智能铁路运输、智能道路运输、智能水上运输、智能航空运输、其他智能交通。
	智慧物流	智慧仓储、智慧配送。
	数字金融	银行金融服务、数字资本市场服务、互联网保险、其他数字金融。
	数字贸易	数字化批发、数字化零售、数字化住宿、数字化餐饮、数字化租赁、数字化商务服务。
	数字社会	智慧教育、智慧医疗、数字化社会工作。
	数字政府	行政办公自动化、网上税务办理、互联网海关服务、网上社会保障服务、其他数字服务。
	其他数字化效率提升业	数字采矿、智能化电力、热力、燃气及水生产和供应、数字化建筑业、互联网房地产业、专业技术服务业数字化、数字化水利、环境和市政设施管理、互联网居民生活服务、互联网文体娱乐业。

第二节　特性探究

作为一种新的经济形态，数字经济呈现出有别于传统农业经济和工业经济的独特性。下面在综合多方主流研究的基础上，试图从一种新的经济形态和经济发展模式的视角，分析和阐述数字经济的本质特征。

一、数据资源是推动数字经济发展的核心生产要素

与传统的农业经济和工业经济一样，数字经济也需要有与之配套的生产要素和相应的基础设施。在农业经济时代，经济发展依靠的核心生产要素是土地和劳动力；在工业经济时代，经济发展依靠的核心生产要素是资本、技术、矿产和物资；在数字经济时代，经济发展依靠的核心生产要素是数据资源。农业经济和工业经济时代的关键生产要素都受到稀缺性的制约，而数据的生产则是无穷无尽的，又具有多人共享、不排他性、可重复利用的特征，从根本上解决了传统经济下制约经济发展的资源稀缺性问题，成为推动经济持续发展的根本保障。

中共十九届四中全会决定指出："健全劳动、资本、土地、知识、技术、管理、数据等生产要素由市场评价贡献、按贡献决定报酬的机制。"未来，随着数据存储和计算处理能力的迅猛提升，数据的价值创造潜能将大幅跃升，庞大的数据资源必将成为国家和企业之间竞争的核心资产，是未来的"新能源"。

当前，数据驱动型创新正向经济、社会、文化、政治、生态等各个领域渗透，甚至成为推动国家创新的重要动力。随着数字技术向人类社会生产生活不断渗透，企业正逐步实现基于数据的按需生产、数据的流程再造以及服务水平的快速提升，人们的经济交易方式和日常行为手段也将变得更加快捷，数字技术下的社会治理也变得更加高效。

二、数字基础设施成为孵化和繁荣数字经济的关键基础设施

传统经济的经济活动建立在以铁路、公路、机场等为代表的基础设施建设上，数字经济活动的推进与实施也需要有相应的基础设施与之配套。数字基础设施是数字经济发展的基石，既包括以 5G、物联网、工业互联网、卫星互联

网为代表的通信网络基础设施，以人工智能、云计算、区块链等为代表的新技术基础设施，以数据中心、智能计算中心为代表的算力基础设施，又包括深度应用互联网、大数据、人工智能等技术，支撑传统基础设施转型升级，进而形成融合基础设施。2022年1月12日，国务院印发了《"十四五"数字经济发展规划》，提出要推进光纤网络扩容提速、5G网络、IPv6规模部署，加速空间信息基础设施升级，加快构建全国一体化大数据中心体系，推进云网协同和算网融合发展，优化升级数字基础设施。与传统基础设施相比，其不仅具有公共性、共享性、泛在性等共性特征，更具有融合性、生态性、赋能性等独特性特征，是助力我国经济社会数字化转型和高质量发展的战略选择。

根据《全球数字经济竞争力发展报告（2017年）》，数字经济蓬勃发展的前提是数字化基础设施的广泛安装、数字人才和资本等资源的获得与重新组合，在恰当的政策支持下，通过对原有各个领域进行改造，创造出全新的流程、商业模式和产品，提升生产率，促进经济增长和可持续发展。马化腾等（2017）在《数字经济：中国创新增长新动能》一书中认为，数字经济是一个阶段性概念，"云＋管＋端"如同水和电一样的生态要素渗透到经济社会活动的各个环节，成为数字经济的核心基础设施。其中，云计算具有资源共享、可扩展性、快速部署和集约高效等优势，是各类用户可以便捷、高效、低成本使用的网络计算资源；"管"也叫网，包括互联网和物联网，不仅包括人与人互联，还包括人与物、物与物的万物互联，使得网络上承载的数据与价值得以增长；"端"则指用户终端，如可穿戴设备、传感器及其他智能终端等，是数据的来源与服务提供的界面。

综合来看，传统工业时代的经济基础设施主要以铁路、公路、机场、电网为代表，而数字经济的基础设施基于"云＋管＋端"的架构运行。"云＋管＋端"通过对传统物理基础设施进行数字化改造，使得土地、水利等传统农业基础设施和交通能源等工业基础设施趋向智能（阿里研究院，2015）。

三、数字技术是数字经济发展的驱动力

人类经济社会发展过程从来都不是循序渐进的平稳进程，技术的进步和变革是推动人类经济社会跃迁式发展的核心动力。如物理学革命使人类对自然界的认识达到了新高度，极大地提高了人类利用和改造自然的能力；第二次工业革命把人类社会从蒸汽时代推到电气时代，人类生产力水平达到新的发展高度；ICT技术引发了信息革命，数字技术的大规模普及运用和日新月异的创新

进步必将引领第四次工业革命——数字革命，为数字经济不断发展壮大提供核心驱动力。

　　作为一个新的技术体系，数字技术主要包括云计算、大数据、物联网、区块链、人工智能五大技术。根据数字化生产的要求，大数据技术为数字资源，云计算技术为数字设备，物联网技术为数字传输，区块链技术为数字信息，人工智能技术为数字智能，五大数字技术是一个整体，相互融合呈指数级增长，推动数字经济高速度高质量发展。近年来，移动互联网、云计算、物联网、区块链等前沿技术正加速发展并不断突破创新，人工智能、无人驾驶、3D 打印等数字技术正与智能制造、量子计算、新材料、再生能源等新技术以指数速度融合创新，不断强化未来数字经济发展的动力，推动数字经济持续创新发展，全面拓展人类认知和增长空间（马化腾等，2017）。四次工业革命路线图如图 6－1 所示。

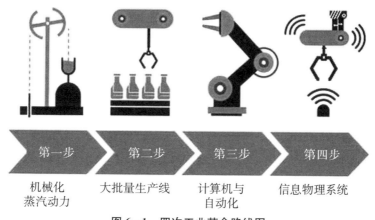

图 6－1　四次工业革命路线图

四、数字产业是数字经济发展的主导产业

　　历史上，在每一次科技变革和产业革命中，总有一些率先兴起、发展迅速、外溢作用显著的先导产业带动其他产业创新发展。与交通运输产业、电力电气产业、信息产业分别成为前三次科技革命推动产业变革的基础先导产业一样，集大数据、云计算、物联网、人工智能、区块链等数字技术研发于一体的数字产业也将成为驱动数字革命发展的基础性、先导性产业（孙蕙，2017）。在数字经济时代，数字产业在产业结构中所占的比例不断增加，将成为实现生产要素优化配置、产业结构优化升级、产业附加值提升的根本动力，数字产业

必将成为发展速度最快、创新活跃度最高、引领带动作用最强的主导产业，以后将推动数字产业朝着跨界融合、平台化和生态化的方向深化发展。

作为技术密集型产业，数字产业的基本特点就是持续动态创新，在数字产业化方面，政府和企业要加大对人工智能、5G、物联网、工业互联网、高端芯片、高端工业软件等关键领域的研发投入，加快构建具有自主知识产权的数字产业化体系。在产业数字化方面，要全方位实现数字技术与实体经济深度融合，加快推动传统企业向数字化和智能化方向升级改造，提升数字产业发展能级，释放数字经济对传统经济的放大、叠加、倍增作用，加快构建具有强大智能化制造能力的产业数字化体系。

五、数字素养成为数字经济时代对劳动者和消费者的新要求

数字素养是指在数字环境下利用一定的数字技术手段和方法，能够快速有效地发现并获取信息、评价信息、整合信息、交流信息的综合科学技能与文化素养，主要涵盖数字获取、数字创建、数字交流、数字消费、数字安全、数字规范、数字伦理、数字健康等多个方面。正如在农业经济、工业经济时代下，某些职业和岗位对从业者的文化素养有一定的要求一样，数字经济时代下的职业和岗位也要求劳动者具有一定的数字素养。随着数字技术突飞猛进的发展以及向各行各业的不断渗透，不同于传统经济时代下的文化素养只限制部分岗位，对多数消费者的文化素养基本没有要求，数字经济时代下的数字素养已成为所有劳动者和消费者都应具有的必备能力。劳动者不具备一定的数字素养很难胜任未来的工作；消费者不具备一定的数字素养将很难在市场上识别和购买到满意的产品，更别说正确地享用数字化产品与服务，可见数字素养将与文化素质、专业技能一样，成为未来劳动者生产与消费者消费必备的基本素养，是数字经济发展的重要基础因素。特别是在未来的劳动力市场上，谁具有较高的数字素养，谁就拥有突出的数字技能和专业技能（欧阳日辉、孙宝文，2017；中国互联网协会数字经济研究中心，2017）。

六、数字平台成为数字经济时代的主流商业模式

2017年10月11日，在云栖大会"数据力量·社会治理的共享与共治"分论坛上，阿里研究院与德勤研究联合发布报告的《平台经济协同治理三大议题》提出，截至2017年7月，全球十大平台经济体（苹果、谷歌、微软、

Facebook、亚马逊、阿里巴巴、腾讯、Priceline、百度、Netflix）市值已超过十大传统跨国公司（伯克希尔－哈撒韦、强生、埃克森美孚、摩根大通、富国银行、雀巢、沃尔玛、美国电话电报、宝洁、通用电气）。不仅如此，全球大部分大型互联网公司也都采取平台的模式，平台经济已成为推动我国经济发展的重要组成部分，并不断为依托其生存的大量中小微企业提供更多的创新创业环境，推动着数字经济的快速发展（阿里研究院，2017）。

七、多方融合成为推动数字经济发展的主引擎

纵观历史，新技术和传统产业的融合成为经济发展的主引擎是历次科技革命的铁律。蒸汽技术革命时期，蒸汽机开始广泛应用，英国的纺织等先导基础性产业占国内地区生产总值的比重一度超过 40%；电气技术革命时期，电开始成为影响人们生产和生活的一种新能源，美国的化工等传统先导基础性产业占国内地区生产总值的比重下降到 20% 左右；信息技术革命时期，主要国家信息通信等先导基础性产业占国内地区生产总值的比重稳定在 6% 左右。

当前，随着数字经济突飞猛进的发展，人类的经济活动空间不断从物理空间转移到虚拟网络上，又从线上、网络上不断向线下、实体空间扩展。这主要表现在两个方面：①腾讯、阿里巴巴、谷歌等数字平台不断向线下拓展，如腾讯泛娱乐、阿里新零售等；②制造、物流等传统实体行业不断加大数字化融合，如三一重工等国内传统企业都加快了向数字化、网络化、自动化和智能化转型的步伐。

第七章 数字经济发展水平评价

本章拟基于数字经济的科学内涵构建指标体系[①]，采用CRITIC客观赋权法生成指标权重，对2013—2021年全国、省级和典型地市级数字经济发展情况进行综合评价，试图探究中国数字经济的发展趋势、动力源泉、地域特性，探析典型省市的发展情况。

第一节 全国数字经济发展水平评价

一、全国数字经济发展指数高速增长

2013—2021年，中国数字经济发展指数呈快速发展态势。下面以2013年为基期进行标准化处理（2013年基期为1000），2021年全国数字经济发展指数增长至5421.25，8年间增长了4.42倍，年复合增长率27.31%。同期，GDP年复合增长率9.84%，全国数字经济发展指数的增速远超GDP的增速（图7-1）。

图7-1 2013—2021年全国数字经济发展指数情况

---

① 本章所述全国经济发展情况均不含港澳台地区。

全国数字经济高速增长，我们认为，其底层动力主要来自以下四个方面：

第一，数字基础设施增速最高达 72.66%。2013—2021 年，全国数字基础设施快速增长。其中，超算中心从 3 家增加至 237 家，年复合增长率 72.66%（图 7-2）。数据交易所由 5 家增长至 97 家，年复合增长率 44.87%；数据要素企业由 22.11 万家增加至 544.58 万家，年复合增长率 49.25%（图 7-3）；辅助企业由 0.76 万家增加至 10.86 万家，年复合增长率 39.53%。无论是超算中心、数据交易所，还是数据要素企业、辅助企业，它们的迅猛发展都为我国数字经济发展提供了重要支持。

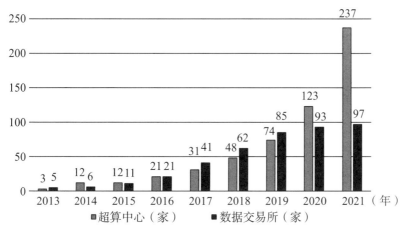

图 7-2 2013—2021 年全国超算中心及数据交易所数量

图 7-3 2013—2021 年全国数据要素企业及辅助企业数量

第二，数字化企业数量年增长 49.59%。2013 年以来，数字化企业规模不断扩大，由 2013 年的 2514 家增加至 2021 年的 63034 家，8 年间增长了

24.07 倍，年复合增长率 49.59%（图 7-4）。数字化企业的快速增长推动了数字经济的高速发展。

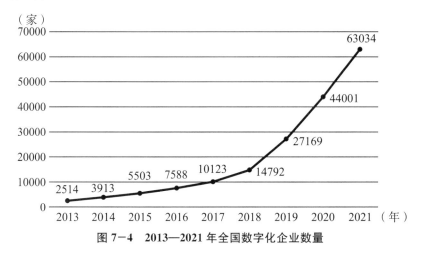

（家）

图 7-4　2013—2021 年全国数字化企业数量

第三，ABCDI 专利申请数量增速近 40%。2013 年以来，数字科技创新热情不断高涨，创新产出持续增加。对人工智能、区块链、云计算、PaaS、BaaS 等关键词词频进行统计，结果显示：2013 年为 0.42 万次，2021 年增长至 14.06 万次，年复合增长率 55.25%。从 ABCDI 专利申请来看，2013 年专利申请数量为 1.72 万项，2021 年增加至 23.26 万项，年复合增长率 38.44%（图 7-5）。数字科技创新持续推进，推动了数字经济不断发展。

数字科技创新热情（左，万次）　　数字科技创新实效（右，万件）

图 7-5　2013—2021 年全国数字科技创新情况

第四，国产基础软硬件企业数量最高年增长 37.06%。2013 年以来，国产计算机 CPU 芯片、国产计算机操作系统（OS）、国产数据库管理系统

（DBMS）等核心基础软硬件企业及计算机整机制造、零件制造、元器件制造等其他基础软硬件企业蓬勃发展。其中，核心基础软硬件企业数量由 2013 年的 28 家增长至 2021 年的 164 家，年复合增长率 24.73%（图 7-6）；其他基础软硬件企业数量由 127.92 万家增长至 1592.60 万家，年复合增长率 37.06%。软硬件企业成为推动数字经济发展的重要主体之一。

图 7-6　2013—2021 年全国国产基础软硬件企业情况

我国数字经济高速增长，我们认为，其原因主要有如下三点。

（一）国家政策持续发力

2005 年，国务院办公厅发布《关于加快电子商务发展的若干意见》，规范电子商务发展。2015 年，十八届五中全会首次提出"国家大数据战略"。2017 年，"数字经济"首次出现在《政府工作报告》中。此后，有关数字经济发展的相关政策不断深化和落地。2021 年，数字经济政策持续发力，《中华人民共和国国民经济和社会发展第十四个五年规划和 2035 年远景目标纲要》《政府工作报告》和《"十四五"数字经济发展规划》均大力推动了数字经济的发展。

（二）宏观经济快速发展

2013—2021 年，宏观经济总体呈上行趋势，为数字经济发展提供了内生动力和良好的宏观环境。

从 GDP 增速看，2013—2021 年，全国 GDP 增长了 92.87%，其中 2021 年较 2020 年增长了 12.84%，远高于世界平均水平。而人均 GDP 在 8 年间也增长了 86.21%，其中，2021 年较 2020 年增长了 12.81%（图 7-7）。

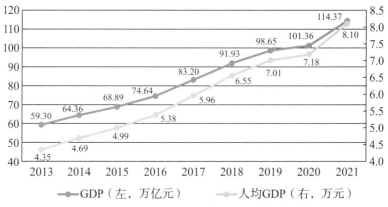

图7-7　2013—2021年宏观经济增长水平

从居民收入与消费水平来看，2013—2021年，全国居民人均可支配收入的复合增长率为8.48%，居民人均消费支出的复合增长率为7.79%（图7-8）。居民收入的增加奠定了消费数字化的基础，进而为电子商务的快速发展提供了动能。

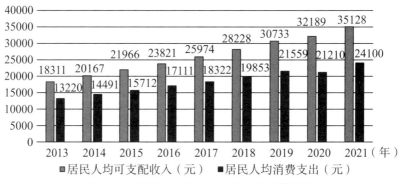

图7-8　2013—2021年居民收入与消费情况

从社会消费品零售总额来看，2013年社会消费品零售总额为23.23万亿元，2021年达到了44.08万亿元，8年时间增长了89.75%，我国已成为全球第二大消费市场。在消费增长的同时，随着互联网、大数据等技术的快速崛起，信息化、网络化、智能化拓展了新的消费渠道和消费空间，从而拉动了数字经济的发展。国家统计局数据显示，2013—2021年，我国电子商务销售额由5.67万亿元上升至20.73万亿元（基于指数平滑法预测），8年间增长了2.66倍。电子商务销售额占社会消费品零售总额的比重也从2013年的24.41%上升至2021年的47.03%，电子商务比重不断上升（图7-9）。

图 7-9 2013—2021 年社会消费品零售总额和电子商务销售额

（三）创新意识不断加强

2013 年以来，我国重大创新成果竞相涌现，科技体制改革取得实质性突破，创新主体活力和能力持续增强，国家创新体系效能大幅提升，企业的创新意识不断加强。这为数字经济发展中的技术创新、业务创新和模式创新奠定了良好的主观意识基础。

在创新投入方面，研究与试验发展（R&D）投入经费逐年上升。2013 年，我国 R&D 经费投入为 1.18 万亿元，2021 年增长至 2.79 万亿元，增长了 136.44%。R&D 占 GDP 比重也由 2013 年的 2.00% 上升至 2021 年的 2.44%，上升了 22 个百分点（图 7-10）。同时，研发人员数量持续增长。2013 年，研究与试验发展人员全时当量为 353.30 万人年，2021 年扩大至 566.60 万人年（基于指数平滑法预测），8 年间扩大了 60.37%（图 7-11）。庞大的研发人员队伍为数字经济发展过程中的技术创新提供了人员保障。

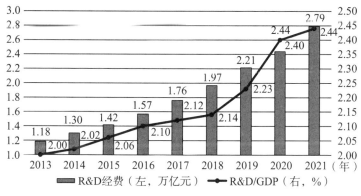

图 7-10 2013—2021 年研究实验发展经费

图 7-11　研究与试验发展人员全时当量（万人年）

从创新产出看，专利申请与授权数量不断增加。2013—2021 年，专利申请授权数从 131.30 万项增长至 460.10 万项，增长了 2.50 倍。其中，发明专利申请授权数由 20.77 万项增长至 69.60 万项，8 年间增长了 2.35 倍（图 7-12）。

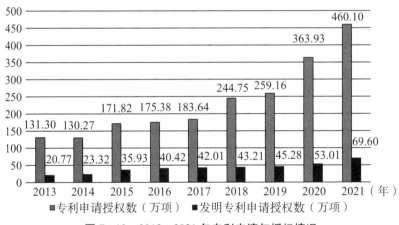

图 7-12　2013—2021 年专利申请与授权情况

二、全国产业数字化和数字人才表现突出

（一）数字产业化发展稳步增长

数字产业化是数字经济发展的重要前提，为其他行业提供数字技术、产品及服务支持。本报告从信息产业和通信产业两个方面衡量数字产业化发展水平，结果显示，2013 年以来，我国数字产业化指数逐步上升。以 2013 年为基

期进行标准化处理，2021 年增长至 3769.30（图 7－13）。其中，2021 年信息产业指数增长至 4988.01，较 2020 年增长了 8.56％；2021 年通信产业指数为 2472.43，较 2020 年下降了 46.64％，通信产业指数下滑是导致数字产业化水平下滑的重要因素（图 7－14）。

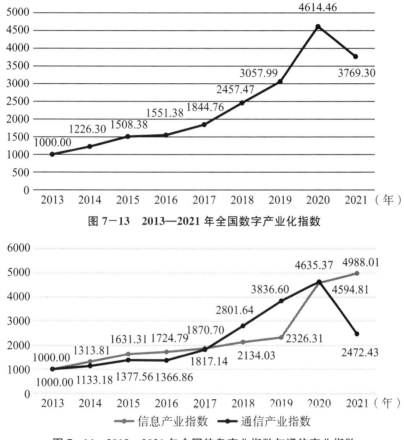

图 7－13　2013—2021 年全国数字产业化指数

图 7－14　2013—2021 年全国信息产业指数与通信产业指数

（二）产业数字化迈上新台阶

产业数字化是指传统产业与数字技术的深度融合，是数字经济发展的主阵地，为数字经济发展提供广阔空间。本报告从数字化广度及数字化深度两个维度衡量产业数字化水平，2013—2021 年，我国产业数字化指数持续上升，以 2013 年为基期进行标准化处理，2021 年增长至 5467.24，8 年间增长了 4.47 倍（图 7－15）。其中，2021 年数字化广度指数增长至 2804.46，增长了 1.80 倍；数字化深度指数增长至 13161.31，增长了 12.16 倍（图 7－16）。数字化广度和数字化深度的高速发展推动产业数字化迈上新台阶。

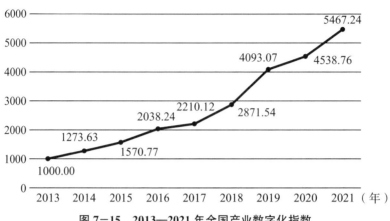

图 7-15 2013—2021 年全国产业数字化指数

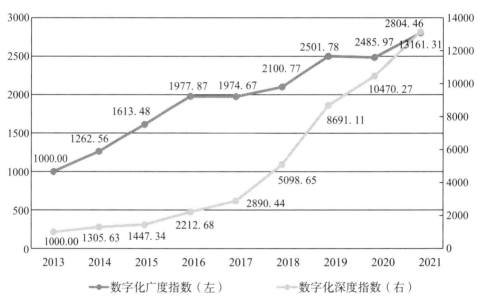

图 7-16 2013—2021 年全国数字化广度指数与数字化深度指数

（三）数字基础设施建设成效显著

数字基础设施是发展数字经济的重要基础。本报告从数据要素、新基建和辅助企业三个方面衡量数字基础设施情况，2013—2021 年，我国数字基础设施指数呈现指数型增长，以 2013 年为基期进行标准化处理，2021 年增长至 12273.61，增长了 11.27 倍（图 7-17）。其中，数据要素指数增长至 14445.01，增长了 13.45 倍；新基建指数上升至 15118.33，上升了 14.12 倍；

辅助企业指数提升至 8539.66，提升了 7.54 倍（图 7－18）。数据要素、新基建和辅助企业为数字经济的快速发展提供了重要支撑。

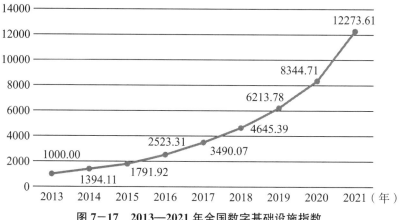

图 7－17　2013—2021 年全国数字基础设施指数

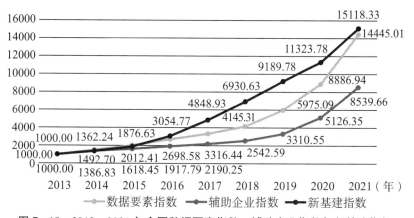

图 7－18　2013—2021 年全国数据要素指数、辅助企业指数与新基建指数

（四）数字技术发展持续推进

数字技术是数字经济发展的技术驱动因素。本报告从数字科技企业和数字科技创新两个维度构建数字技术指数。结果显示，2013—2021 年我国数字技术指数持续上升，以 2013 年为基期进行标准化处理，2021 年增长至 4928.86，8 年间增长了 3.93 倍（图 7－19）。

图7－19　2013—2021年全国数字技术指数

　　以2013年为基期进行标准化处理，2020年之前数字科技企业指数保持增长趋势，2021年出现了下滑。而数字科技创新指数在2013—2021年间一直保持增长趋势，2021年增长至19504.61，8年间增长了18.50倍，增长幅度很大（图7－20）。

图7－20　2013—2021年数字科技企业指数与数字科技创新指数

（五）数字科技人才队伍建设加快

　　数字科技人才是数字科技发展的重要基础，是数字经济发展的重要前提。从新兴数字人才和传统数字人才两个方面构建数字科技人才指数，结果显示，2013--2021年我国数字科技人才指数持续上升，以2013年为基期进行标准化处理，2021年增长至3925.08，8年间增长了2.93倍（图7－21）。新兴数字人才指数由2013年的1000.00增长至2021年的6446.80，增长了5.45倍（图7－22）。新兴数字人才培养高校数量增长至1896所，增长了5.00倍。传统数字人才指数由 2013 年的 1000.00 增长至 2021 年的 2475.96，增长了 1.48 倍（图 7-22）。传统数字人才培养高校数量增长至 2516 所，增长了 1.49 倍。新兴数字人才和传统数字人才培养高校数量的快速增长为数字科技的发展奠定了重要的基础。

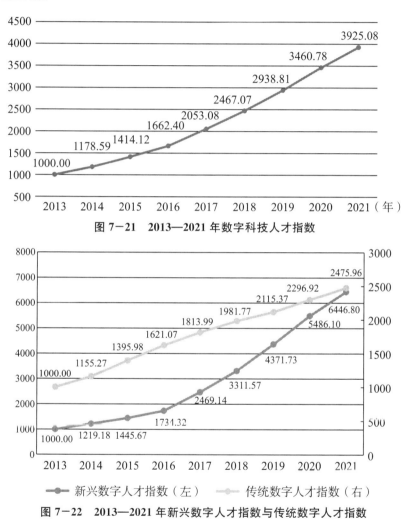

图 7-21　2013—2021 年数字科技人才指数

图 7-22　2013—2021 年新兴数字人才指数与传统数字人才指数

第二节　省级数字经济发展水平评价

经济发展不平衡是中国的基本国情，中国东、中、西部地区经济发展不平衡是一种具体表现。本节的测算结果显示，在数字经济发展方面，中国东、中、西部地区数字经济发展处于不同阶段，东部地区是全国数字经济发展的引擎，中、西部地区加速跟进。[①] 数字经济发展的区域格局与中国地区经济发展不平衡的状况基本吻合，其动态演变特征也符合数字经济发展的基本规律。促进数字经济区域协调发展，既是进一步发挥其引领带动作用的现实需要，也是避免加剧区域差距的必然要求。本部分以东、中、西部地区各省份的均值衡量该区域数字经济发展情况，并以 2013 年西部地区数字经济发展指数为基准值（1000）进行区域分析。

一、东部地区是中国数字经济发展的引擎

东部地区经济发达，在数字经济发展过程中发挥着引擎作用，具体表现如下。

（一）东、中、西部地区数字经济发展呈现由高到低的梯度特征

2013 年，东部地区数字经济发展指数为 2175，分别是中部地区和西部地区的 2.16 倍、2.18 倍，是中、西部地区数字经济发展指数之和的 1.08 倍（图 7-23）。到 2021 年，东部地区数字经济发展指数增长至 11963，分别是中部地区和西部地区的 3.06 倍、3.60 倍，是中、西部地区数字经济发展指数之和的 1.65 倍。东部地区数字经济发展优势仍在强化。从中、西部地区之间的对比来看，中部地区相较西部地区数字经济发展指数的倍数从 2013 年的 1.01 倍提高到 2021 年 1.18 倍，差距也有小幅增大。

---

① 本节所述东、中、西部地区未包括港澳台地区。东部地区包括北京市、天津市、河北省、辽宁省、上海市、江苏省、浙江省、福建省、山东省、广东省和海南省共 11 个省市；中部地区包含山西省、吉林省、黑龙江省、安徽省、江西省、河南省、湖北省和湖南省共 8 个省；西部地区涵盖内蒙古自治区、广西壮族自治区、重庆市、四川省、贵州省、云南省、西藏自治区、陕西省、甘肃省、青海省、宁夏回族自治区和新疆维吾尔自治区共 12 个省市区。

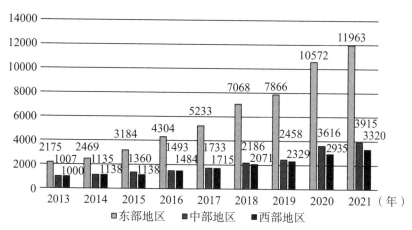

图 7-23　2013—2021 年东、中、西部地区数字经济发展指数

（二）东部地区的引擎地位也体现在指数的提升速度上

从 2014 年到 2021 年，东部地区数字经济发展指数增长了约 5.50 倍，年复合增长率 23.75%；中部地区数字经济发展指数增长了约 3.89 倍，年复合增长率 18.50%；西部地区数字经济发展指数增长了约 3.32 倍，年复合增长率 16.18%（图 7-24）。虽然东中西部地区都实现了两位数以上的扩张，但东部地区发展速度最快，中部地区跟随，西部地区最慢。

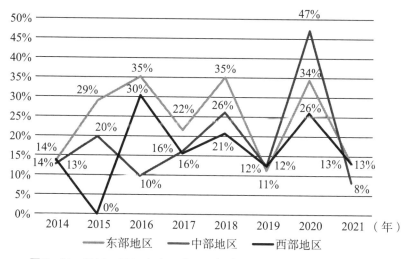

图 7-24　2014—2021 年东、中、西部地区数字经济发展指数变化率

（三）东部地区的引擎地位体现在细项指标上

如图 7-25（a）和 7-25（b）所示，在组成数字经济发展指数的五大指

标中，东部地区相对中、西部地区的数字基础设施建设领先优势最大。数字技术发展是增速仅次于数字基础设施建设的指标，也是东部地区领先优势还在扩大的指标。东、中、西部地区数字产业化和产业数字化推进步伐基本一致，东部地区保持小幅领先。在数字科技人才队伍方面，东部地区后来居上，中部地区起步优势有所削弱。

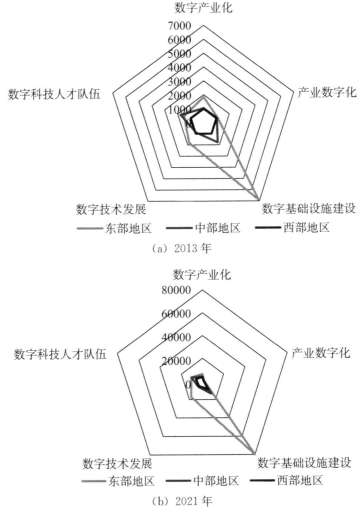

图7-25 东中西部地区数字经济发展指数细分指标

无论是数字经济发展指数倍数的扩大，还是不同区域数字经济发展指数提升速度的差异，均反映了东部地区相对中、西部地区的数字经济发展优势在进一步强化，引擎地位继续巩固。本报告认为，东、中、西部地区正处于数字经济发展的不同阶段，预计未来几年仍将保持梯度发展的格局。要结合数字经济发展不同阶段的特征，找准区域协调发展的路径，尤其是充分发挥东部地区数字经济发展对中、西部地区的辐射带动作用，避免其成为加剧区域发展不平衡的新因素。

二、区域数字经济发展分项指标表现各异

（一）东部地区始终保持数字基础设施建设领先优势

中国高度重视信息技术设施建设，先后推动实施"宽带中国"等战略，极大提升信息技术设施供给能力。东部地区在数字要素企业和支持企业培育，超算中心、数据中心和数据交易所建设等方面均领先于中、西部地区。2013 年，以西部地区数字基础设施建设指数为基数，东部地区分别是中部地区和西部地区的 3.87 倍、6.89 倍，是中、西部地区数字基础设施建设指数之和的 2.48 倍。到 2021 年，东部地区数字基础设施建设指数分别是中部地区和西部地区的 5.89 倍、9.09 倍，是中、西部地区数字基础设施建设指数之和的 3.57 倍。同时，中部地区相较西部地区数字基础设施建设指数的倍数从 2013 年的 1.78 倍下降到 2021 年的 1.54 倍，中、西部地区之间的差距在缩小（图 7-26）。

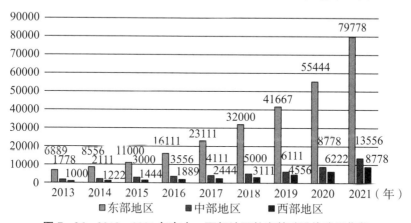

图 7-26　2013—2021 年东中、西部地区数字基础设施建设指数

（二）中部地区数字技术发展跟进速度相对较快

中国区域间数据开放和共享程度有待提高，信息沟通交流仍需畅通，这会制约数字技术的高效传播。整体而言，东部地区数字技术发展水平超过中西部地区，2013 年，以西部地区数字技术发展指数为基数，东部地区数字技术发展指数分别是中部地区和西部地区的 1.99 倍、1.83 倍，是中、西部地区数字

技术发展指数之和的 0.95 倍。到 2021 年，东部地区数字技术发展指数分别是中部地区和西部地区的 2.76 倍、3.19 倍，是中、西部地区数字技术发展指数之和的 1.48 倍。值得关注的是，中部地区土地要素和用能资源丰富，由于近年来持续加大数据要素企业培育，数据中心建设取得了良好成效，中部地区数字技术发展后来居上，反超西部地区，数字技术发展指数的倍数从 2013 年的 0.92 倍上升到 2021 年 1.16 倍（图 7-27）。

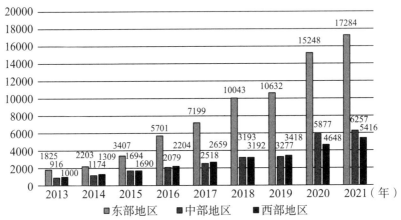

图 7-27　2013—2021 年东、中、西部地区数字技术发展指数

（三）东、中、西部地区数字产业化有差距但趋于收敛

2013 年，以西部地区数字产业化指数为基数，东部地区数字产业化指数分别是中部地区和西部地区的 1.77 倍、1.83 倍，是中、西部地区之和的 0.90 倍。到 2021 年，东部地区数字产业化指数已经回落至中部地区和西部地区的 1.52 倍、1.71 倍，是中、西部地区之和的 0.80 倍，这表明中、西部地区在数字产业化方面的差距渐进缩小。同时，中部地区相较西部地区数字产业化指数的倍数从 2014 年的 1.04 倍上升到 2021 年 1.13 倍，呈小幅提升态势（图 7-28）。

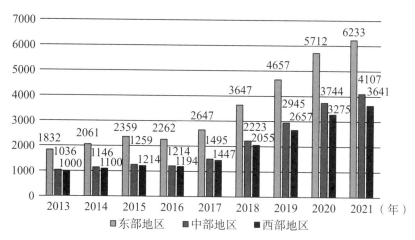

图 7-28　2013—2021 年东、中、西部地区数字产业化指数

（四）中部地区产业数字化保持相对较快增速

产业数字化是实现数字经济和实体经济深度融合发展的重要途径，东、中、西部地区产业数字化差距较小且保持相对同步增长。2013 年，以西部地区产业数字化指数为基数，东部地区产业数字化指数分别是中部地区和西部地区的 1.06 倍、1.10 倍，是中、西部地区产业数字化指数之和的 0.54 倍。到 2021 年，东部地区产业数字化指数分别是中部地区和西部地区的 1.04 倍、1.36 倍，是中、西部地区产业数字化指数之和的 0.59 倍。中部地区相对东部地区产业数字化差距在缩小，同时相较西部地区产业数字化指数的倍数从 2013 年的 1.04 倍上升到 2021 年 1.31 倍（图 7-29）。

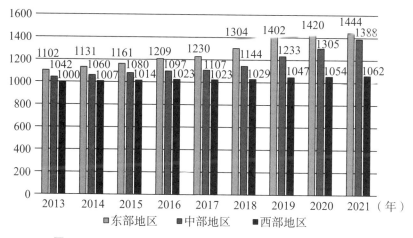

图 7-29　2013—2021 年东、中、西部地区产业数字化指数

（五）东部地区数字科技人才队伍建设后来居上

中部地区在传统数字科技人才培养上具有良好的教育基础，起步领先。2013 年，以西部地区数字科技人才队伍建设指数为基数，东部地区数字科技人才队伍建设指数分别是中部地区和西部地区的 0.85 倍、1.50 倍，是中、西部地区数字科技人才队伍建设指数之和的 0.54 倍。随着数字经济的发展，东部地区新兴数字科技人才培养高校和专业数量较快增加，数字科技人才队伍建设后来居上。到 2021 年，东部地区数字科技人才队伍建设指数分别是中部地区和西部地区的 1.02 倍、1.73 倍，是中、西部地区数字科技人才队伍建设指数之和的 0.64 倍。同时，西部地区在数字科技人才培养高校和专业的增长速度上快于中部地区，中部地区相较西部地区数字科技人才队伍建设指数的倍数从 2013 年的 1.77 倍下降到 2021 年 1.70 倍（图 7-30）。

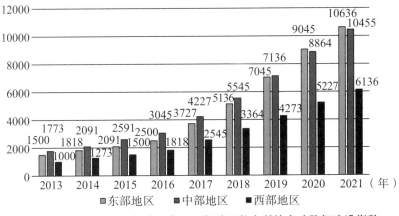

图 7-30　2013—2021 年东、中、西部地区数字科技人才队伍建设指数

三、区域数字经济梯度发展结构的驱动因素

东、中、西部地区数字经济发展的前述特征，本书认为主要驱动因素如下。

（一）东部地区经济实力整体占优

中国数字经济发展领先的省（区、市）（如广东、北京、江苏、上海、山东、浙江等）均是地区生产总值规模较大的东部（省、市），这一格局从 2013 年到 2021 年都没有发生根本性变化。进一步考察，不同地区在城镇化率、经济外向度等方面的差异影响数字经济的内生发展能力。例如，中国东部地区城镇化率超过 70%，中部地区和西部地区城镇化率则不到 60%。城镇化水平越高，城镇化过程对数字化产品和技术形成的需求越大，加上城镇化带动了居民消费转型升级，这些均是数字经济发展的重要驱动力。

（二）东部地区数字基础设施建设相对齐备

数字基础设施建设具有先导性作用，是数字经济发展的基本前提。中国已建成全球规模最大的光纤和第五代移动通信网络。但分地区来看，东部地区数字基础设施建设领先于中、西部地区，是数字经济发展的重要支撑。根据工业和信息化部《2021 年通信业统计公报》，截至 2021 年底，东、中、西部地区（以上区域划分不含东北三省）100Mbps 及以上速率固定互联网宽带接入用户分别为 21261 万户、12512 万户和 13077 万户，移动互联网接入流量分别为947 亿吉字节（GB）、494 亿吉字节和 655 亿吉字节，同时东部地区电信业务收入占全国的比重超过 50%。

（三）中、西部产业结构加快升级有助于缩小区域差距

东部地区数字产业化和产业数字化的绝对水平高于中、西部地区，是东部地区产业优势的重要体现。2021 年各省区市第三产业占比与数字经济发展指数呈正相关关系，东部地区省区市第三产业占比普遍高于中西部地区，其数字经济发展指数也相对较高。东部地区在区位、交通、市场及技术等方面的优势，将为数字经济发展注入更有力的产业融合动能。随着东部产业向中、西部转移，以及国家实施西部大开发、中部崛起等区域协调发展战略初显成效，加上"东数西算"等工程的启动，中、西部地区可以通过资源优势吸引东部地区企业设立数据中心、大数据服务中心等，进一步释放数字基础设施的赋能作用，带动当地产业数字化转型。

（四）东、中、西部地区数字经济促进政策各有侧重

中国数字经济发展取得令人瞩目的成绩，从中央到地方各级政府的积极引导和政策支持发挥着重要作用。地方层面，高度重视以促进数字经济发展为主题的地方性法规构建。据不完全统计，全国至少有 20 个省（区、市）已经出台数字经济法规条例，如浙江、广东、北京、河南等地的数字经济促进条例。从地方法规的侧重点来看，东部地区的北京、上海等地注重培育具有发展潜力的优质企业，中西部地区的重庆、黑龙江、山西等省（市）注重提升数字经济产业规模，湖北、内蒙古注重提升数字化公共服务。尤其值得借鉴的是贵州，立足区域资源优势，通过政策引导数据中心等集群发展，成功实现弯道超车。

（五）东、中、西部地区数字经济发展金融支撑资源仍有差距

现阶段推进数字技术赋能各行各业，其根本还是要通过对各类市场主体的支持才能实现目标。中、西部地区缺少利于数字经济企业研发投入、运营、创新的良好环境，尤其是金融发展水平相较东部地区仍有差距。例如，数字经济初创企业通常表现出轻资产、高投入、高不确定性等特征，单纯依靠财政和传统投融资模式难以满足企业投融资需求。天使投资、风险投资等创新创业资本的参与，是数字经济发展的重要支撑力量。根据中国证券投资基金业协会数据，截止 2022 年 3 月末，上海、深圳、北京、浙江（不含宁波）和广东（不含深圳）已登记私募基金管理人数量占全国 68.7％，管理基金规模占全国 70.10％。私募基金管理人按注册地分布情况见表 7－1。

表 7－1　私募基金管理人按注册地分布情况

省（区、市）	管理人数量（家）	管理基金数量（只）	管理基金规模（亿元）
上海	4532	36817	52193.94
深圳	4273	20554	23687.75
北京	4261	20595	44315.07
浙江（不含宁波）	2022	10948	11269.58
广东（不含深圳）	1818	10096	11408.64
江苏	1228	4571	9886.65
宁波	797	4969	8153.39
天津	442	2124	7831.5
四川	454	1353	2398.86
青岛	434	1860	1756.14
山东（不含青岛）	410	1219	1720.55
湖北	404	1068	2197.98
厦门	357	1818	1405.84
海南	364	1584	1674.72
湖南	292	1004	1222.44
江西	276	917	1642.72
陕西	265	879	1186.05
福建（不含厦门）	252	1626	1846.29

续表

省（区、市）	管理人数量（家）	管理基金数量（只）	管理基金规模（亿元）
安徽	227	995	3004.06
重庆	188	556	1594.06
西藏	187	1455	3898.24
河南	160	522	1042.86
河北	119	240	703.61
新疆	116	342	1234.53
广西	86	281	975.76
贵州	81	261	1492.13
云南	78	165	1075.66
大连	73	255	122.24
辽宁（不含大连）	71	145	113.41
山西	67	160	1459.21
吉林	62	125	332.16
黑龙江	60	100	124.30
内蒙古	54	155	339.44
宁夏	49	100	183.69
甘肃	39	59	191.56
青海	13	37	126.70
合计	24611	129955	203811.73

数据来源：中国证券投资基金业协会。

（六）东、中、西部地区数字人才集聚能力差距较大

数字经济发展需要数字人才在生产、营销、运营、管理等环节给予充分的智力支撑。中国数字人才区域分布不平衡。中、西部地区虽然具备一定的高等教育资源，但数字经济相关领域所需要的人才专业性强、知识更新迭代快，对人才培养模式，专业人才的复合型、适用性水平要求更高，中部地区响应人才市场需求的速度不及东部地区，为东部地区后来居上创造了条件。同时，近年来各地纷纷采取措施吸引人才，但整体而言，北京、上海、深圳等发展水平相对较高的东部地区对数字化产业和人才的吸引力更强，人才聚集密度更高，更

有利于数字人才的培育。根据猎聘的统计，数字人才主要集中在一线城市，2021 年第 3 季度末，上海、北京占比分别达到 12.94％、10.88％，深圳、广州、成都、杭州占比均超过 3％。国家倡导打造具有国际竞争力的数字化产业集群，人才分布将很大程度上决定产业集群的地域特征。

四、典型省（区、市）数字经济发展情况

（一）2021 年广东省数字经济发展水平全国第一

2021 年，全国 31 个省（区、市）的数字经济发展指数（以2013 年全国指数值为 1000 进行标准化处理），广东省排名第一（图 7-31）。进入前十名的依次为广东、北京、江苏、上海、山东、浙江、四川、湖南、湖北和新疆（图 7-32）。东部地区排名前三的是广东、北京、江苏，也是全国排名前三的省市。中部地区排名第一的是湖南，西部地区排名第一的是四川。

图 7-31　2021 年全国 31 个省（区、市）的数字经济发展指数排名

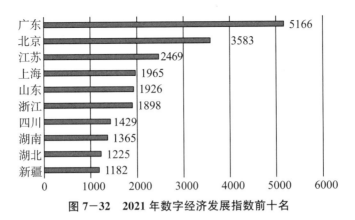

图 7-32 2021 年数字经济发展指数前十名

纵向看，在 2013—2021 年全国数字经济发展指数（以 2013 年全国指数值
为 1000 进行标准化处理）的均值方面，广东省始终排名第一，位于前五位的
还有北京、江苏、上海、浙江（表 7-2）。其中，2021 年广东数字经济发展指
数为 5166，同样位列全国第一。

表 7-2 2013—2021 年全国数字经济发展指数均值排名

排名	省（区、市）	数字经济发展指数均值
1	广东	2291
2	北京	1995
3	江苏	1108
4	上海	1104
5	浙江	963
6	山东	862
7	四川	729
8	新疆	675
9	湖南	648
10	湖北	642
11	天津	617
12	陕西	610
13	福建	594
14	河北	553
15	河南	551

排名	省（区、市）	数字经济发展指数均值
16	安徽	538
17	云南	457
18	重庆	455
19	广西	453
20	辽宁	447
21	江西	431
22	贵州	422
23	甘肃	368
24	青海	328
25	吉林	313
26	黑龙江	311
27	山西	299
28	海南	295
29	西藏	255
30	内蒙古	201
31	宁夏	171

进一步探究数字经济二级指标，结果显示，2021年广东数字产业化指数和数字基础设施指数均位列全国首位，数字技术指数位列全国第二，产业数字化指数位列全国第三（表7-3）。

表7-3 2021年数字经济二级指标比较

排名	数字产业化指数		产业数字化指数		数字基础设施指数		数字技术指数		数字人才人才指数	
1	广东	0.2392	山东	0.1698	广东	0.1164	北京	1.8031	河南	0.0155
2	江苏	0.1390	湖南	0.1591	北京	0.0575	广东	1.7929	江苏	0.0154
3	浙江	0.1345	广东	0.1385	山东	0.0401	上海	0.9274	湖北	0.0148
4	北京	0.1345	北京	0.1241	江苏	0.0249	江苏	0.8168	山东	0.0144
5	上海	0.1082	江苏	0.1106	浙江	0.0185	浙江	0.6727	北京	0.0138

我们认为，相较于其他省市，广东数字经济高速发展的原因主要有以下五点。

1. 数字经济政策提前布局，全面具体

2003 年，广东省政府印发《广东省电子商务认证机构资格认定和年审管理办法（暂行）》，旨在促进电子商务的发展。2018 年，广东出台《广东省数字经济发展规划（2018—2025 年）》，更加注重数字经济顶层设计及数字化治理。2021 年，广东实施《广东省数字经济促进条例》，从法律层面为数字经济提供支撑保障。2022 年，广东印发《2022 年广东省数字经济工作要点》，提出优化数字基础设施，发挥数字要素作用，推进数字产业化、产业数字化等措施。广东数字经济相关政策见表 7－4。

表 7－4 广东数字经济相关政策

年份	政策	相关内容
2003	《广东省电子商务认证机构资格认定和年审管理办法（暂行）》	目的为促进广东省电子商务的发展，加强对电子商务认证机构的规范管理，保证数字证书的安全性、可靠性和权威性。
2012	《广东省战略性新兴产业发展"十二五"规划》	以自主创新为动力，以产业化为重点，通过做大做强优势产业，培育新型业态，突破高端环节，提升基础产品，实现全省电子信息产业由大到强转变，形成具有全球竞争力的高端新型电子信息产业群，抢占全球电子信息产业发展制高点。
2017	《广东省战略性新兴产业发展"十三五"规划》	把握新一代信息技术全面跨界融合、智能化发展加速和全方位产业生态竞争等新趋势，以实施"互联网＋"行动、大数据战略和网络强省战略为着力点，推进"数字广东"建设，打造万物互联、绿色智能、安全可靠的新一代信息技术产业体系，成为引领广东科技创新、驱动经济社会转型发展的重要力量。
2018	《广东省数字经济发展规划（2018—2025 年）》	以数据驱动为 1 个发展主线，引领带动数字产业化和产业数字化 2 个着力方向，以大数据、新一代信息技术产业、数字基础设施、制造业数字化、服务业数字化、融合新动能、政府数字治理、区域内联外延 8 大重点推进广东数字经济创新发展。
2021	《广东省数字经济促进条例》	促进数字经济发展，推进数字产业化和产业数字化，推动数字技术与实体经济深度融合，打造具有国际竞争力的数字产业集群，全面建设数字经济强省。

续表

年份	政策	相关内容
2022	《2022年广东省数字经济工作要点》	提出优化数字基础设施，发挥数字要素作用，推进数字产业化、产业数字化，提升公共服务数字化水平，健全完善治理和安全体系，加强统筹指导和政策保障等措施。

2. 软硬件企业众多，实力强劲

一方面，软硬件企业数量众多。2013年，广东软硬件企业有9.11万家，位居全国第三。北京市、上海市分别为12.52万家、10.11万家，位列全国第一和第二。2021年，广东软硬件企业数量增长至111.41万家，位居全国第一，同期，上海、北京分别为81.29万家和68.27万家，分别位列全国第二和第三。此外，山东和江苏以57.27万家和52.61万家的成绩位于全国第四和第五（图7-33）。广东软硬件企业高速发展，远超北京、上海、山东和江苏等其他省（市）。

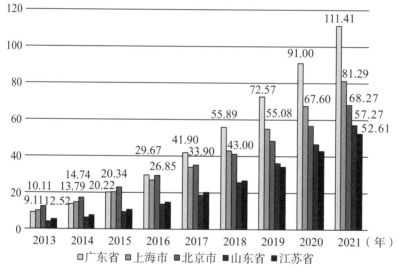

图7-33　2013—2021年排名前五位省（市）软硬件企业数量发展情况（万家）

另一方面，软硬件企业实力强劲。广东省实力强劲的软件企业有腾讯、广和通等。腾讯是中国最大的互联网综合服务提供商。广和通是全球领先的物联网无线通信模组解决方案提供商。广东实力强劲的硬件企业有华为、TCL、中兴、立讯精密、深南电路、汇川等。华为是全球领先的ICT基础设施和智能终端提供商；立讯精密是中国最大的连接器制造厂商；深南电路是中国通信印制电路板行业龙头企业，设计、研发和制造高中端印制电路板。

优质的企业带来较高的收入水平。从软件业务收入情况来看，2013—2021年，广东软件业务收入 9630.28 亿元，高于北京、江苏、浙江、上海，更是远远高于全国平均水平（表 7-5）。

表 7-5　2013—2021 年排名前十位省（市）软件业务收入情况

排名	省（市）	软件业务收入（亿元）	排名	省（市）	软件业务收入（亿元）
1	广东	9630.28	6	山东	4483.00
2	北京	9496.17	7	四川	2971.02
3	江苏	8491.67	8	福建	2184.06
4	浙江	4625.05	9	辽宁	2134.68
5	上海	4603.17	10	陕西	1835.14

广东软硬件企业规模的持续扩张，其实力不断增强，离不开相关政策的支持。2018 年，广东省人民政府印发《广东省新一代人工智能发展规划》，大力推进以人工智能为代表的新一代信息技术加速突破应用。2020 年，广东省工业和信息化厅发布《广东省发展软件与信息服务战略性支柱产业集群行动计划（2021—2025 年）》，重点开展基础软件建设等工程，加快发展软件与信息服务战略性支柱产业集群，打造具有国际竞争力的软件与信息服务产业发展高地。此外，广东各地也纷纷采取各种措施，推动软硬件的高质量发展。以广州为例，2019 年，广州实施《广州市加快软件和信息技术服务业发展若干措施》，支持基础软硬件核心企业发展，推动形成大企业建生态、小企业进生态协同共进发展格局；还成立了通用软硬件适配测试中心，推动广州基础软硬件提供商、软件应用开发商、信息产品供应商等加快入驻，建立广州信创适配资源池。

3. 数据交易所提供良好的数字基础设施

广东数字基础设施为数字经济的发展奠定了重要基础，而数据要素与数据交易所是数字基础设施建设的重要组成部分。

从数据要素角度看，2013 年，广东数据要素企业有 3.30 万家，位列全国第一；2021 年，广东数据要素企业有 99.83 万家，位列全国第一（图 7-34）。广东不断拉大与其他省（区、市）数据要素企业数量的差距。

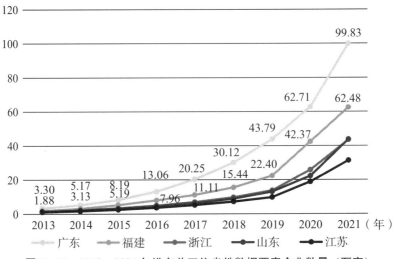

图 7-34　2013—2021 年排名前五位省份数据要素企业数量（万家）

从数据交易所的角度看，2013 年，全国仅有广东成立了数据交易所，共5 家。2021 年，广东数据交易所共有 88 家；此外，湖北、山西、北京、天津分别成立了两家数据交易所；陕西成立了 1 家数据交易所。可见，2013 年以来，广东数据交易所数量远远超过全国其他省（区、市）数据交易所数量之和。

广东数字基础设施的建设同样离不开政府政策的推动。2020 年，广东省政府颁布实施《广东省建设国家数字经济创新发展试验区工作方案》，提出培育建立数据要素市场，推动公共数据资源开发利用，推进政府数据开放共享，构建高水平创新基础设施等措施，系统推进广东数字经济高质量发展。从城市层面看，2020 年广州出台《广州市加快推进数字新基建发展三年行动计划（2020—2022 年）》，提出广州在全国率先发布"数字新基建"政策，发力产业科技赋能和数字化转型，加快推动数字新基建引领产业新动能，形成激发地域经济活力的新引擎；同年，深圳出台《深圳市人民政府关于加快推进新型基础设施建设的实施意见（2020—2025 年）》，重点打造信息基础设施、融合基础设施和创新基础设施，抢抓数字经济发展新机遇，培育壮大经济发展新动能。

4. 互联网宽带用户规模推动电信业务的发展

广东互联网宽带用户规模全国第一。2013 年，广东互联网宽带用户数达2081.70 万户，位列全国第一；江苏、山东、浙江、河南分别以 1431.30 万户、1465.10 万户、1242.70 万户、1000.50 万户的成绩位列前五。2021 年，广东互联网宽带用户数增长至 4434.77 万户，同期江苏、山东、浙江、河南分别增长至4293.20 万户、3780.66 万户、3332.62 万户、3405.30 万户（图 7-35）。

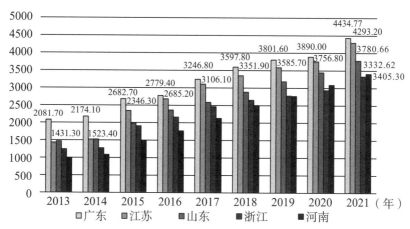

图 7-35 2013—2021 年排名前五位省份互联网宽带用户发展情况（万户）

互联网宽带用户规模为广东电信业务发展奠定了强大的用户基础。从 2013—2021 年排名前五位省市电信业务总量来看，2013 年，广东电信业务总量达 2176.09 亿元，位列全国第一。2021 年，广东电信业务总量达 16849.61 亿元，位列全国第一（图 7-36）。广东不断拉大与其他省份电信业务总量的差距。

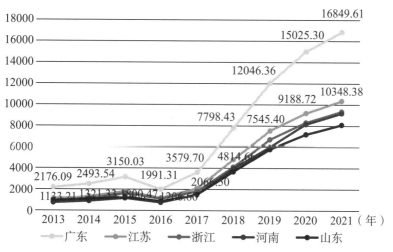

图 7-36 2013—2021 年排名前五位省份电信业务发展情况（亿元）

5. 省内企业创新意识强

数字经济的发展离不开企业的技术创新、产品创新、模式创新和业务创新。企业的创新意识和前期创新水平是实施这些创新的前提。广东省内企业强烈的创新意识和创新水平为数字经济相关创新奠定了良好的基础。学界通常利用专利申请和授权情况表征一个地区的创新意识和创新水平。

从专利授权来看，广东、江苏和浙江是中国专利授权大省，位居全国前三。2013 年，广东专利授权数量为 17.04 万项，江苏为 23.96 万项。到 2016 年，广东反超江苏省 2.80 万项。之后，广东一直保持领先优势，到 2021 年超过江苏 23.12 万项（图 7-37）。

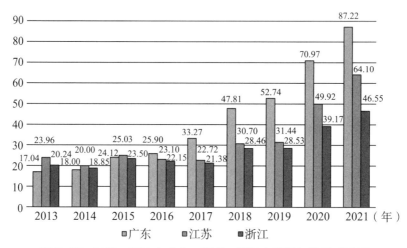

图 7-37　2013—2021 年广东、江苏、浙江专利授权数量（万项）

（二）2021 年北京市数字经济发展水平排名第二

2013—2021 年，北京市数字经济发展指数均值为 1995，其中 2021 年北京数字经济发展指数为 3583。无论是从 2013—2021 年数字经济发展指数（以 2013 年全国数字经济发展指数值为 1000 进行标准化处理）的均值来看，还是单从 2021 年数字经济发展指数来看，北京数字经济发展水平位列全国第二，仅次于广东省。

北京数字经济高速发展的动力主要来自以下三个方面。

1. 完善数字经济政策支撑

2012 年以来，北京相继出台数字经济相关政策，激活数字经济活力。其中，2021 年出台了《北京市关于加快建设全球数字经济标杆城市的实施方案》《北京市关于促进数字贸易高质量发展的若干措施》等政策，为数字经济发展提供了政策支持。北京数字经济相关政策见表 7-6。

表7-6 北京数字经济相关政策

年份	政策	相关内容
2019	《北京市 5G 产业发展行动方案》	从网络建设、技术发展、产业发展三个维度明确北京市 5G 产业发展目标，实现智能公交、健康医疗、工业互联网等应用的覆盖。
	《关于通过公共数据开放促进人工智能产业发展的工作方案》	2022 年，基本形成管理制度完备、工作机制完善、技术支撑系统完整、生态体系健全的公共数据开放工作体系，实现政务数据、公管事业单位数据等多源数据协同应用。
2020	《北京市促进数字经济创新发展行动纲要(2020—2022 年)》	充分发挥北京数字产业化和产业数字化优势基础，加快数字技术与经济社会深度融合，促进数据要素有序流动并提高数据资源价值。
	《北京市关于打造数字贸易试验区实施方案》	为把握数字经济和数字贸易发展机遇，发挥北京数字资源、数字技术优势，率先推动跨境数据流动试点，打造数字贸易试验区，为首都经济发展提供新动能。
2021	《北京市关于加快建设全球数字经济标杆城市的实施方案》	加强数字城市基础设施建设，围绕数据资产，推动数字技术创新，打通数据生成—汇聚—交易—消费—应用全链条，培育数据驱动的未来产业，建立数字经济规则和发展测度体系，形成开放领先的新型数字社会生态。
	《北京市关于促进数字贸易高质量发展的若干措施》	搭建数字贸易服务平台、探索推动跨境数据流动、夯实数字贸易产业基础、提升数字贸易便利度、加大数字贸易企业支持力度、完善数字贸易保障体系，促进数字贸易高质量发展，打造数字贸易示范区，助力全球数字经济标杆城市建设。

2. 企业数字化成效显著

数字经济的发展前提在于信息化，网页及移动电话是信息化的重要体现。

从网页规模来看，2013 年，北京网页数达 377.32 万个，位列全国第一。2021 年，北京网页数达 1291.78 万个，位列全国第一（图 7-38）。

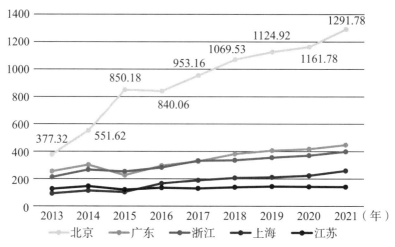

图 7-38　2013—2021 年排名前五位省（市）网页发展情况（万个）

从移动电话普及率来看，2013 年，北京移动电话普及率达 159.53 部/百人，位列全国第一。2021 年，北京移动电话普及率增长至 184.13 部/百人。北京移动电话普及率始终位列全国第一。

3. 数字人才建设力度加大

新兴数字人才专业呈现指数型增长。从新兴数字人才专业设置的全国排名前五位省市来看，2013 年，北京仅设置了 3 个新兴数字人才专业，低于其他四个省市。2021 年，北京新兴数字人才专业增长至 31 个，同期，山东、福建、河北、四川的新兴数字人才专业数分别为 29 个、27 个、29 个、27 个，北京新兴数字人才专业建设力度不断加大（图 7-39）。

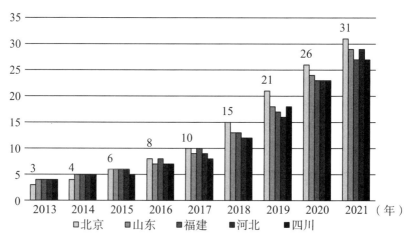

图 7-39　2013—2021 年排名前五位省（市）新兴数字人才专业发展情况（个）

（三）2021年江苏省数字经济发展水平全国第三

2021年，江苏数字经济发展指数为2469，位列全国第三。2013—2021年，在数字经济发展指数（以2013年全国数字经济发展指数值为1000进行标准化处理）的均值方面，江苏也排名第三。从数字经济发展指数的增速来看，2013—2021年，江苏以25.82%的年复合增速位列全国第二。究其原因，在于数字经济政策推动、宏观经济发展水平较高、数字基础设施建设成效显著、数字技术发展表现不俗等。

1. 数字经济政策推动

早在2010年4月，江苏省发展改革委发布了《江苏省软件和服务外包产业发展规划纲要（2009—2012年）》，其目的之一是加快建设基础信息数据库，鼓励并引导数字媒体、数字化教育培训、互联网信息服务、电信增值服务等数字内容产业健康发展，并提出需要提高软件服务在软件产业中的比重。2011年，江苏省政府发布了《关于加快推进信息通信基础设施建设的意见》，进一步肯定了信息通信基础设施建设的重要性。2013—2018年，江苏相继推出《关于加快推进"互联网＋"行动的实施意见》《江苏省大数据发展行动计划》《智慧江苏建设三年行动计划（2018—2020年）》等政策，高度重视软件、信息、大数据等数字行业的发展。2020年10月，江苏出台《关于深入推进数字经济发展的意见》，提出要着力实施数字设施升级，包括加快建设信息基础设施及全面升级传统基础设施，为本省数字产业发展提供政策支持。

2021年以来，江苏省政府继续出台《江苏省"十四五"新型基础设施建设规划》《江苏省"十四五"数字经济发展规划》和《关于全面提升江苏数字经济发展水平的指导意见》，到2025年，江苏数字经济发展水平要位居全国前列，数字经济核心产业增加值占地区生产总值比重达13.5%左右。

2. 宏观经济发展水平较高

数字经济是宏观经济高质量发展的新动能。同时，良好的宏观经济发展水平也可为数字经济的高速发展提供稳定的宏观环境，汇聚数字经济发展所需的技术资源、人力资源和金融资源等经济资源。学界通常以人均地区生产总值表征宏观经济发展水平。我们选取人均地区生产总值排名靠前的四个省份进行对比，结果发现，在广东、江苏、浙江和福建四个省份中，2013—2021年，江苏的人均地区生产总值均高于其余三个省份（图7-40）。

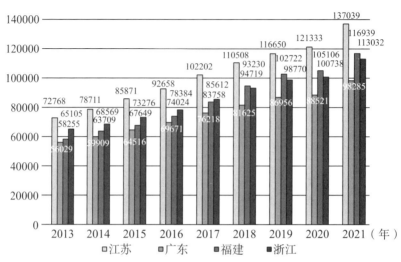

图 7-40　2013—2021 年广东、江苏、浙江和福建人均地区生产总值（元）

3. 数字基础设施建设成效显著

2013—2021 年，江苏电信业务总量的复合增长率达 31.85%，远超全国平均水平，且在 2020—2021 年，江苏电信业务总量均居全国第二，依旧呈现正增长趋势，成为拉动数字经济发展的一大引擎。自 2015 年以来，江苏信息传输软件固定资产投资水平大体稳定，其总量也显著高于全国平均水平。2021年，江苏省光缆线路 4286994.45 千米、移动电话交换机 25108.06 万户，均居全国第一；全省互联网宽带用户数达 4293.2 万户，位列全国第二；软件和信息技术服务业业务收入达 11480.17 万元，居全国第三。

2021 年，江苏 5G 网络基本实现城市、县城和重点乡镇覆盖，5G 基站规模位居全国第二。IPv6 活跃用户数、移动网络 IPv6 流量占比、固定网络 IPv6流量规模、获得 IPv6 地址的固定终端占比以及 IPv6 综合发展指数均位居全国前列。

4. 数字技术发展表现不俗

数字科技是数字经济发展的技术基础，数字科技创新对数字经济发展起着底座作用。我们以数字科技创新热情和数字科技创新实效评价数字科技创新情况。2013—2021 年，江苏数字科技创新热情明显高于全国平均水平，且差距日渐拉大（图 7-41）。这在一定程度上表明，江苏尤其重视数字科技创新。

图7-41 2013—2021年江苏省和全国平均数字科技创新热情（次）

我们以ABCDI新一代数字技术的专利申请数量表征数字科技创新实效。2013—2021年，江苏数字科技创新实效明显高于全国平均水平（图7-42）。与数字科技创新热情相同，江苏在数字科技创新实效方面的优势也日渐明显。

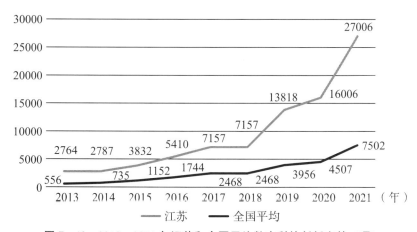

图7-42 2013—2021年江苏和全国平均数字科技创新实效（项）

（四）2021年湖南数字经济发展水平中部第一

2013—2021年，湖南数字经济发展指数（以2013年全国数字经济发展指数值为1000进行标准化处理）均值为648，位列全国第九、中部地区第一。其中，2021年数字经济发展指数为1365，位列全国第八、中部地区第一。湖南数字经济强势崛起是因为其数字产业化增速全国第一、产业数字化发展位居全国前列以及数字经济政策体系持续完善。

1. 数字产业化增速全国第一

截至 2021 年底，湖南累计建成 5G 基站 5.6 万个，14 个市州主城区、所有县级行政区主城区全部实现 5G 网络覆盖，5G 基站数量居全国第九位。全省累计建成 4G 基站 23.8 万个，居全国第八位。省内骨干网、城域网、接入网全面完成 IPv6 改造，IPv6 发展整体指数排名全国第六位。全省人工智能算力体系累计提供算力服务近 11 亿核时，建成物联网 NB-IoT 基站 7.8 万站，总机架数达 15 万个。

从数字产业化指数来看，广东最高，但从增速来看，湖南增速最快。以 2013 年湖南数字产业化指数值为基准值（1000），2021 年为 6271，增长了 527.1%；2013 年广东数字产业化指数为 3904，2021 年达 13469，在全国 31 个省（区、市）中排名第一，增长了 245%。从增速看，2013—2021 年，湖南数字产业化平均增速达 25.82%，高出广东 9.08 个百分点（图 7-43）。

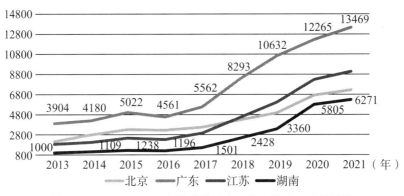

图 7-43　2013—2021 年湖南等四省（市）数字产业化指数

2. 产业数字化发展位居全国前列

截至 2021 年底，湖南共有光缆线路 2535437.07 千米、移动电话交换机 11484.40 万户，均居中部各省第二位。共有各类工业互联网平台 130 余个（其中，省级 26 个）、国家级软件产业基地 1 个、国家级网络安全产业园 1 个、省级软件（移动互联网）产业园 10 个、大数据产业园 12 个、人工智能产业园区 1 个、区块链产业园 2 个。累计实现中小企业"上云"41.07 万家、"上平台"18196 家。2021 年，全省电信业务总量达 6376.92 亿元，实现软件业务收入 10232658.86 亿元，均居中部各省第二位。

从产业数字化指数来看，湖南省高，增速也最快。2021 年，湖南产业数字化指数为 2805。从增速看，2013—2021 年，湖南产业数字化平均增速达 13.21%，高出广东 8.62 个百分点，居全国第一位（图 7-44）。

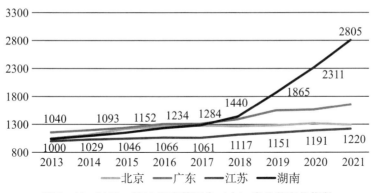

图7－44 2013—2021湖南等四省（市）产业数字化指数

3. 数字经济政策体系持续完善

2013—2020年，湖南相继出台了《加快电子商务发展的若干政策措施》《湖南省"十四五"电子商务发展规划》《湖南省软件和信息服务业"十三五"规划》《湖南省"十三五"战略性新兴产业发展规划》《湖南省"十三五"信息化发展规划》等政策，高度重视数字行业的发展。2020年2月，湖南出台了《湖南省数字经济发展规划（2020—2025年）》，提出到2025年，湖南数字经济规模进入全国前10强，突破25000亿元。

2021年以来，湖南接连出台了《湖南省促进智慧广电发展实施方案》《湖南省软件产业振兴计划（2021—2025年）》《湖南省数字经济发展白皮书（2021年）》《湖南省"十四五"战略性新兴产业发展规划》《湖南省专精特新"小巨人"企业培育计划（2021—2025年）》《湖南省中小企业"两上三化"三年行动计划（2021—2023年）》《湖南省"十四五"数字政府建设实施方案》《湖南省工业互联网"十四五"发展规划》等，为数字经济发展提供了强有力的政策支撑。

（五）2021年四川数字经济发展水平西部第一

2021年，四川数字经济发展指数（以2013年全国指数值为1000进行标准化处理）为1429，位列西部第一。2013—2021年，在数字经济发展指数（以2013年全国指数值为1000进行标准化处理）的均值方面，四川也位列西部第一。我们认为，四川数字产业化表现优异跟政府的积极作为及数字经济政策布局较早且成体系有关，这大力推动了产业数字化的发展。

1. 产业数字化表现优异

在数字化生产方面，2013 年，四川光纤长度、移动电话交换机容量、期末计算机台数、域名数、网页数分别为 120.07 万千米、21148.1 万户、1386034 台、34.03 万个、39295.8 万个。2021 年，分别增长至 353.29 万千米、24614.28 万户、2595748 台、238.74 万个、560103.25 万个。8 年间分别增长了 194.24％、16.39％、87.28％、601.56％、1325.35％。

在数字化供销方面，2013 年，四川有电子商务的企业数量、电子商务采购额、电子商务销售额分别为 1171 家、721 亿元、925.9 亿元。2021 年，分别增长至 6428 个、4901.66 亿元、6649.38 亿元。8 年间分别增长了 448.93％、579.84％、618.15％（表 7－7）。

表 7－7　四川产业数字化概况

类型		2013 年	2021 年	增长（％）
数字化生产	光纤长度（万千米）	120.07	353.29	194.24
	移动电话交换机容量（万户）	21148.1	24614.28	16.39
	期末计算机台数（台）	1386034	2595748	87.28
	域名数（万个）	34.03	238.74	601.56
	网页数（万个）	39295.8	560103.25	1325.35
数字化供销	有电子商务的企业数量（家）	1171	6428	448.93
	电子商务采购额（亿元）	721	4901.66	579.84
	电子商务销售额（亿元）	925.9	6649.38	618.15

2. 政府积极作为

四川获批了国家"芯火"双创基地、国家网络视听产业基地、国家超高清视频产业基地、中国电科成都产业基地。四川还遴选确立了 10 个数字经济类重点园区，以及天府新区、中国·雅安大数据产业园、乐山宝德大数据等数字经济产业园区。根据四川省政府印发实施的《四川省"十四五"数字经济规划》，到 2025 年，全省数字经济总量超 3 万亿，占地区生产总值比重达 43％，初步建成全国数字经济发展新高地。

四川省统计局数据显示，2021 年，四川数字经济核心产业增加值达 4012.2 亿元，占地区生产总值的比重为 7.5％，比上一年提高了 0.7 个百分点。其中，数字技术应用业发展最快，增加值现价增速达 30.8％。

3. 数字经济政策布局较早且成体系

2011 年 11 月，四川省政府就发布了《四川省"十二五"战略性新兴产业发展规划》，提出了要大力发展新一代信息技术产业。2014 年，四川省政府发布《四川省"十二五"信息化发展规划》，进一步肯定了信息技术发展的重要性。2015—2020 年，四川先后出台了《四川省文化厅关于"十二五"时期加快文化信息化建设的指导意见》《四川省"十三五"信息化发展规划》《四川省人民政府关于印发四川省加快推进"互联网＋政务服务"工作方案的通知》《四川省人民政府关于加快推进数字经济发展的指导意见》等政策。

2021 年以来，四川还下发了《中共四川省委办公厅四川省人民政府办公厅关于印发〈省领导联系指导五大万亿支柱产业和数字经济发展工作方案〉的通知》《四川省软件与信息服务业"十四五"发展规划》《关于加快推动 5G 发展的实施意见》《四川省"十四五"新型基础设施建设规划》《四川省加快发展工业互联网推动制造业数字化转型行动计划（2021—2023 年)》《国家数字经济创新发展试验区（四川）建设工作方案》《关于支持四川省数字化转型促进中心建设的政策措施》。由此可见，四川数字经济政策布局较早且成体系。

第三节　典型地级市数字经济发展水平评价

本部分依据北京大数据研究院大数据分析技术创新中心发布的《2021 中国数字经济产业发展指数报告》提供的数据得出数字经济发展较好的典型地级市的数字经济发展情况。

一、数字经济指数总体评价

根据《2021 中国数字经济产业发展指数报告》，排名前 3 位的地级市为杭州、深圳、广州，这三座城市构成地级市数字经济发展的第一梯队，在政策与环境、产业化规模、头部企业数量以及产业创新能力等各个维度上都领先于其他城市，是数字经济产业化的领头羊。第二梯队地级市有成都、武汉、厦门、南京、青岛和西安，第三梯队为济南、长沙、合肥、苏州、无锡、福州和珠海。

二、数字经济政策与环境评价

从数字经济政策与环境来看，国家大数据综合试验区范围内的城市产业政策与环境相对完善，更加重视数字经济产业的政策与环境建设，数字经济政策与环境指数排名前 10 的城市为深圳、广州、贵阳、佛山、沈阳、珠海、呼和浩特、杭州、福州、青岛，其中有 7 座城市位于国家大数据综合试验区内，引领示范作用发挥较好（表 7-8）。

表 7-8　数字经济政策与环境指数排名前 10 的地级市

排名	地级市名称	数字经济政策与环境指数
1	深圳	0.8560
2	广州	0.8020
3	贵阳	0.7760
4	佛山	0.5990
5	沈阳	0.5880
6	珠海	0.5870
7	呼和浩特	0.5740
8	杭州	0.5710
9	福州	0.5020
10	青岛	0.4750

数据来源：《2021 中国数字经济产业发展指数报告》。

三、数字经济规模与质量评价

在数字经济规模与质量排名中，省会地级市的数字经济规模与质量相对较高（表 7-9）。

表 7-9　数字经济规模与质量评价指数排名前 10 的地级市

排名	地级市名称	数字经济规模与质量评价指数
1	成都	0.962
2	广州	0.953

续表

排名	地级市名称	数字经济规模与质量评价指数
3	杭州	0.933
4	深圳	0.922
5	武汉	0.886
6	济南	0.879
7	长沙	0.872
8	西安	0.868
9	郑州	0.868
10	青岛	0.867

数据来源：《2021中国数字经济产业发展指数报告》。

从地级市头部企业数量来看，头部企业指数排名前5的城市为杭州市、深圳市、广州市、武汉市和成都市（表7-10），这些经济中心城市凭借强大的经济基础、一流的营商环境、一流的人才梯队吸引企业落户。

表7-10　头部企业数量排名前10名地级市

排名	地级市名称	上市企业（家）	独角兽企业（家）	瞪羚企业（家）	高新技术企业（家）
1	杭州	121	20	245	2141
2	深圳	96	1359	59	1019
3	广州	140	6	290	3358
4	武汉	54	3	500	2159
5	成都	95	3	96	2977
6	合肥	28	2	79	1040
7	济南	39	2	41	866
8	珠海	27	0	26	290
9	西安	32	2	57	1329
10	南京	41	2	20	598

数据来源：《2021中国数字经济产业发展指数报告》。

四、数字经济产业创新能力评价

在数字经济产业创新能力上，省会城市的优势较明显，中西部城市的表现较好。这与数字经济企业规模的分布有较大相关性，庞大的头部企业、雄厚的资金实力以及一流的人才队伍在一定程度上促进了数字经济产业强大的创新能力，高校的人才输送以及科研院所的加持更推动了数字经济产业创新。数字经济产业创新能力排名前 10 的地级市见表 7－11。

表 7－11　数字经济产业创新能力排名前 10 的地级市

排名	地级市名称	数字经济产业创新能力指数
1	成都	0.876
2	广州	0.827
3	杭州	0.813
4	深圳	0.781
5	厦门	0.739
6	南京	0.735
7	青岛	0.733
8	西安	0.677
9	长沙	0.672
10	南昌	0.653

数据来源：《2021 中国数字经济产业发展指数报告》。

第八章　老龄化对数字经济的影响

第一节　理论分析

一、引言

随着我国人民经济水平持续提高，人均寿命大幅延长，与此同时老年人口迅速增长。第七次人口普查数据显示，我国 65 岁以上的老年人口数量有 19064 万人，占总人口数的 13.5％。2010—2020 年，65 岁以上人口占比提升了 4.56％，老龄化进程加快。由于在 20 世纪五六十年代生育高峰出生的人将逐步进入老年期，到 2050 年我国 65 岁以上的老年人口占比将超过 30％，将迎来重度老龄化时代。"十四五"规划提出：实施积极应对人口老龄化国家战略，将应对老龄化问题上升到国家战略层面。老龄化之所以受到越来越多的关注，很大程度上源于对老龄化的担忧，认为老年人口负担过重会消耗社会资源而不能正常生产，阻碍社会再生产，从而对经济增长起到负面作用。但在数字技术飞速发展的今天，数字经济登上了历史舞台。数字经济正全面渗透经济发展的各个领域，并重塑经济发展的版图（Colin et al.，2015；戚聿东、肖旭，2020）。如果数字经济与传统经济一样，随着老龄化程度的加深其发展应受到抑制，但在老龄化逐步加深的过程中，数字经济依然呈现出旺盛的生命力。据国家统计局数据，我国老龄化程度从 2013 年的 9.7％增长到 2021 年的 14.2％，增长了 46.39 个百分点。老龄化与数字经济之间可能存在更深层次的关联，这正是本书研究的问题。

老龄化的产生主要是由于人均寿命的延长及人口出生率的下降。目前，对老龄化的分类遵循以下两种标准：一种是根据 1956 年联合国发布的《人口老龄化及其社会经济后果》的划分标准，当一国或地区 65 岁及以上的老年人口占总人口数量比例超过 7％时，意味着这个国家或地区进入老龄化状态；另一种是根据 1982 年维也纳老龄问题世界大会提出的说法：当一国或地区 60 岁及以上的老年人口占总人口比例超过 10% 时，意味着这个国家或地区进入了老龄化社会。鉴于 21 世纪后人均寿命及实际退休年龄均大幅延长，本书采用联合国的分类标准衡量人口老龄化，即 65 岁以上的人口占总人口比重超过 7% 时为老龄化。

数字经济的概念首先出现在 Tapscott（1996）的著作中，用于指代互联网经济。21 世纪，新一代 ICT 技术进入大规模应用，由大数据、人工智能、区块链、云计算构成的 ABCDI 技术的商业化应用逐渐成熟，数字经济的内涵也随之变化。当今世界已进入数字技术与实体经济深度融合的阶段，已有文献将数字经济的定义拓展为以数字化信息为核心生产要素，以信息技术为支撑，以现代信息网络为主要载体，以数字化技术提供产品或服务，是技术融合、产业融合、生产者与消费者融合的新型经济形态（张亮亮，2018）。本书采用陈小辉等（2020）对数字经济的定义：互联网和 ABCDI 等数字技术与经济深度融合的产物。

学界对老龄化引发的经济后果展开了广泛的研究，主要从劳动力供给与资本供给角度展开了分析。①劳动力供给角度。人力资本积累、产业结构升级和创新活动受到人口年龄结构的影响（赵昕东、陈丽珍，2022），青年劳动者身体素质好、学习能力强但缺乏工作经验，老年劳动者经验丰富但身体素质欠佳，因此在研究老龄化对劳动力供给的影响上学者有着不同的看法。一方面，随着年龄增长，部分学者认为人的体力与精力因受到生命周期的影响，学习新知识、技能、进行复杂工作的能力下降（姚东旻，2015），使得老龄化对劳动生产率产生消极影响（杨贝贝、刘懿，2015）。另一方面，部分学者认为，经验的社会回报远超经验的个人回报，高生产力人群会对其他人群产生正外部性（Feyrer，2007），老年劳动者的存在将提升年轻劳动者的经验积累，提升青年劳动力质量，对劳动生产率起到促进作用（冯剑锋等，2019）。也有学者认为两者之间呈现非线性关系（赵昕东、李林，2016）。②资本供给角度。从老龄化影响资本供给角度，学界莫衷一是。基于生命周期理论（Modigliani、Brumberg，1954），认为劳动者在成年期储蓄，在老年期消耗储蓄。而对一国而言，加总的国民储蓄率取决于该国人口年龄结构的变化，老年人口比重增加将降低该国的整体储蓄率（Leff，1969；Loayza，2000；Horioka，1989），从而对该国的总体资本供给产生不利影响。基于生命周期理论的分析也遭到了质疑。在研究老年人储蓄行为时，部分研究发现在不同国家、不同年代背景中常常出现反生命周期行为。例如，日本的老年人有很高的就业率，并未出现理论中的负储蓄，也有部分地区的人群进入老年阶段时其储蓄倾向会突然升高（Koga，2006），Chamon、Prasad（2010）在研究中国城镇人口储蓄率时也发现，样本中户主年龄最大的家庭其储蓄率最高。出现以上现象的原因在于预防性动机降低消费、增加储蓄和财产传承观念等（蔡桂全、张季风，2020，Zhang，2003）。

关于数字经济的影响因素，文献结论主要集中在以下三个层面：①地区经济层面。地区经济发展水平和结构的不同会造成数字经济发展的差异。经济发展较好的地区往往更多追求经济的高质量发展，数字基础设施相对完善，数字化相关产业发展良好（刘军，2020），而经济发展水平较差的地区在发展上更多注重"量"而非"质"，数字经济基础设施相对不完善，数字化水平也较低。另外，产业结构、人力资本的不同也会对数字经济的发展产生影响（钟业喜、毛炜圣，2020；何菊香等，2015）。②政府层面。数字经济的发展离不开政府的调控与支持（孙小礼，2000）。当数字经济发展水平较低时，市场对资源的配置可能失灵（刘军，2020），政府的宏观调控有助于地方数字经济的发展。当数字经济发展到一定层面时，政府的过度干预可能限制数字创新，从而在一定程度上抑制数字经济的发展。③人民生活层面。电子信息设备是数字经济发展的重要载体，人们通过电子设备连接互联网实现交易、交流和合作，促进了数字经济的发展。手持设备促进了移动互联网的发展，而移动互联网具有的移动性、随时性、便利性和随机性的特点（吴吉义，2015）使人们对移动互联网产品产生了较强的黏性（徐晋、梁米亚，2017），极大地影响了数字经济的发展。由于地方经济发展水平、人民生活消费习惯、工资水平、互联网普及率等均存在差异，数字经济的发展也有所不同。

二、研究假说

人口老龄化对劳动供给产生 U 型非线性影响。大部分研究表明，老年群体的创新能力、身体机能和吸收学习新知识、使用新技术的能力均无法与年轻人抗衡，这使得他们难以适应新兴产业（周浩、刘平，2016）。在传统劳动供给视角下，人口老龄化将降低劳动人口占比，降低实际劳动参与率，降低技术创新（谢雪燕、朱晓阳，2020），从而对数字经济的发展产生不利影响。但以上分析忽略了体力因素在工作中发挥的作用，同时也忽略了随着时间推移老龄人群特征发生的改变。传统经济发展对劳动者体力的诉求更多，但在高质量发展中，岗位对劳动者体力的需求减弱，更多在于劳动者的素质上，由此减弱了老年工作者因身体因素造成劳动力供给减少的影响。另外，老年人口多为退休后的灵活就业者，而灵活就业者更多以个人主观感受和意愿进行劳动（Renaud，2002）。当灵活就业者整体工作满意度较高时会增加劳动供给，其劳动生产率也会提高（李燕萍、侯烜方，2012）。数字经济的互联网效应对工作者的体力要求更低，可选择的劳动方式和劳动时间更为灵活（戚聿东等，2021），提升了老年人参与劳动的热情，增加了劳动时间，对灵活就业部分的劳动供给产生了积极影响。同时，随着人均寿命大幅延长，老年人健康水平随之提升，黄玉婷等（2021）的研究表明，健康状况越好越愿意增加劳动供给时间，从而对劳动供给产生积极影响。另外，老年人的社会经验和工作积累远高于年轻人，对年轻人的工作质量产生外溢作用，提升了单位年轻人的劳动生产率（冯剑锋等，2019）。谢雪燕、朱晓阳（2020）的研究也显示老龄化的创新效应大于劳动力效应，而创新水平的提升对数字经济起到了促进作用。

成熟的劳动者将推动数字经济的发展。数字经济的劳动需求有别于传统经济。传统经济以厂房、土地、机械设备、交通工具、原料和燃料等为主要生产资料，燃料动力与人的体力相结合作为工业生产的核心。而数字社会是一种新型后工业技术社会形态和经济社会形态（孙伟平、尹帮文，2022），是数字技术与经济融合的产物。数据、信息成为新的生产要素。由于两者的生产要素和劳动方式不同，对劳动力的要求就存在差异。数字经济依赖强大的网络效应与数字资料的储存、整理和运用，以人的想象力、思维能力和创造能力作为支撑，这就需要劳动者具备较强的创新能力和较丰富的知识与经验，数字经济对劳动者质量的需求远高于劳动者的数量。受教育程度较高且能力得到全面锻炼的成熟劳动者为数字经济注入更多的知识要素，推动了数字经济的发展。

人口老龄化对产业结构呈现 U 型非线性影响。在人口老龄化的初级阶段，老年人口数量增加但成熟劳动力数量不足，减少了劳动者数量；家庭为了赡养老人导致储蓄率降低抑制了资本形成；赡养老人的支出增加，挤出抚幼支出，不利于人力资本积累，阻碍了产业结构的升级（郑雪君、董丽霞，2022）。但当人口老龄化发展到一定阶段，由于老年人具备不同的消费需求、消费数量和消费方式，社会供给也会发生相应变化。随着老年人口数量的增加，为匹配老年人的消费习惯，以医疗保健、家政、旅游等第三产业为主的服务业将以更快速度发展，促进了产业结构升级。另外，人口老龄化导致的劳动力成本上升迫使企业运用技术与资本进行替代，促进了产业结构升级（王伟等，2015）。同时，随着人口结构的变化，地方政府也将相应调整支出结构，增加医疗、公园绿地、养老公寓等的支出，挤压其他支出，从而对当地产业结构产生影响。陈卫民、施美程（2013）的研究表明人口老龄化确实加快了消费服务业的发展，促进了产业结构的升级。

产业结构升级促进了数字经济发展。数字经济的演进与实体产业结构密切相关。数字经济在以消费服务为主体的第三产业中率先发展，继而向制造业延伸（赵西三，2017），而其在农业的渗透才刚刚起步。经过多年探索，数字经济在第三产业的应用日趋成熟，第三产业占比较高的地区有更多数字化需求及基础设施，对数字经济发展起到正向作用。产业结构升级伴随产品复杂程度、分工复杂程度的提升，管理难度的加大和管理成本的增加，这对供应链效率和管理效率提出了更高的要求。数字化平台压缩了时空距离，数字化技术提升了供应链效率，为企业实行降本增效的首选。由此，为数字经济发展提供了有利的土壤。钟业喜、毛炜圣（2020）的研究也显示，产业结构与数字经济显著正相关，同时产业结构的限制对数字经济发展形成了掣肘。

另外，还有研究显示老龄化严重的国家更倾向于用技术解决老龄化对经济的负面影响。Acemoglu、Restrepo（2017）利用多国数据发现，人工智能技术的使用缓解了老龄化对经济的负面影响，老龄化严重的国家倾向于更早地使用人工智能技术以缓解老龄化对经济的不利影响。陈彦斌等（2019）研究同样证实人工智能有助于缓解老龄化对经济的负向冲击，是利用技术进步解决老龄化问题的重要尝试。

综上所述，本书提出研究假说 H1：老龄化对数字经济产生先抑制后促进的 U 型结构。

第二节 实证检验

一、研究设计

（一）样本选择与数据来源

本书选取 2013—2021 年全国 31 个省（区、市）的面板数据作为样本。其原因在于，本书选择工信部五所与零壹智库联合研发的省级数字经济发展指数作为数字经济发展水平的代理变量，数字经济发展指数的时间涵盖 2013—2021 年。在数据来源方面，2013—2021 年省级数字经济发展指数来自工信部五所和零壹智库。各省数据来自中国统计局官方网站。

（二）模型设计

H1 的实证模型：为检验老龄化对数字经济发展的影响，本书构建如下时间和地区固定效应模型。

$$deco_{i,t} = \alpha_0 + \beta_1 old_{i,t} + \beta_2 old2_{i,t} + \beta_3 X_{i,t} + \alpha_{i,k} + \lambda_t + \varepsilon_{i,t} \quad (8-1)$$

式中，$deco_{i,t}$ 为被解释变量，即第 i 个省第 t 年的数字经济发展水平；$old_{i,t}$ 为关键解释变量，即第 i 个省第 t 年的老龄化程度；$old2_{i,t}$ 为 $old_{i,t}$ 的二次项；β_1 为关键解释变量 $old_{i,t}$ 的系数，β_2 为 $old2_{i,t}$ 的系数，若 β_1 显著为负，β_2 显著为正，则老龄化对数字经济起到先抑制后促进的 U 型作用；α_0 为截距项；$\alpha_{i,k}$ 为企业 i 的行业 k 的固定效应；λ_t 为第 t 年的固定效应；$\varepsilon_{i,t}$ 为随机误差项；$X_{i,t}$ 为控制变量。

（三）变量说明

参考现有文献设计被解释变量、解释变量、控制变量（表 8-1）。

表 8-1　变量设置一览表

变量类型	变量名称	变量符号	变量定义
被解释变量	数字经济	$deco$	ln(1+省级数字经济发展指数)
		$rdeco$	省级数字经济发展指数
解释变量	老龄化	old	各省 65 岁以上老年人口数量占该省总人口数量
		$oldras$	ln(各省老年抚养比)
控制变量	经济发展水平	$pgdp$	各省地区生产总值/该省人口数量
	外商直接投资	fdi	ln(各省外商直接投资)
	财政科技投入	$scispd$	ln(财政科技投入)
	金融发展水平	$fsize$	ln(各省贷款总额/该省地区生产总值)
	政府干预	gov	ln(各省财政支出/该省地区生产总值)
	信息化水平	$info$	/总人口
	产业结构	str	第三产业增加值/第二产业增加值
	人力资本	$hcap$	各省在校大学生人数/该省总人口
	城镇化	$urban$	各省城镇人口数量/该省总人口
	对外开放	$open$	各省对外贸易总额/该省地区生产总值

1. 被解释变量

本书的被解释变量为数字经济发展水平（deco），采用工信部五所和零壹智库联合研发的省级数字经济发展指数作为数字经济发展水平的代理变量。取自然对数可降低异方差干扰，鉴于省级数字经济发展指数为小于1的正数，本书按 ln（1+省级数字经济发展指数）计算得到 deco 作为数字经济发展水平的代理变量。另外，以省级数字经济发展指数进行 Winsorize 缩尾得到 rdeco 作为数字经济发展水平的又一代理变量进行稳健性检验。

2. 解释变量

本书的被解释变量为老龄化（old），采用1956年联合国《人口老龄化及社会经济后果》的划分标准，选取65岁以上老龄人口占总人口比重的自然对数及其二次项作为老龄化的代理变量。另外，本书选取老年抚养比的自然对数作为另一代理变量用于稳健性检验。以上数据均来源于国家统计局。

3. 控制变量

本书参考现有文献，控制了经济发展水平（pgdp）、外商直接投资（fdi）、财政科技投入（scispd）、金融发展水平（fsize）、政府干预（gov）、信息化水平（info）、产业结构（str）、人力资本（hcap）、城镇化（urban）、对外开放（open）。

二、实证分析

（一）描述性统计

表8-2报告了描述性统计结果，结果显示，老龄化（old）的最大值为0.189，最小值为0.050，均值为0.110，标准差为0.027，全国老龄化整体差距不大，但两级分化较严重；数字经济发展水平（deco）的最大值为0.868，最小值为0.017，均值仅为0.107，标准差为0.107。

表8-2　描述性统计结果

变量名	观测值	平均数	中位数	标准差	最小值	最大值
old	279	0.110	0.108	0.027	0.050	0.189
deco	279	0.107	0.072	0.107	0.017	0.868
oldras	279	15.324	14.800	3.981	7.000	26.500
pgdp	279	1.685	1.626	0.422	0.786	2.912

续表

变量名	观测值	平均数	中位数	标准差	最小值	最大值
fdi	279	14.379	14.991	2.035	7.636	16.705
$scispd$	279	4.383	4.281	1.133	1.428	7.172
$fsize$	279	0.413	0.399	0.291	−0.297	1.097
gov	279	0.294	0.236	0.205	0.107	1.354
$info$	279	0.524	0.538	0.204	0.136	1.009
str	279	1.416	1.259	0.733	0.665	5.244
$hcap$	279	0.021	0.020	0.006	0.009	0.041
$urban$	279	0.599	0.588	0.124	0.240	0.896
$open$	279	3728.661	2251.708	3788.832	103.281	20497.951

（二）基准回归

人口老龄化与数字经济指数的基准回归结果见表 8-3 中（1）～（4）列。结果显示，在逐步加入控制变量的过程中，老龄化（old）的系数均在 1% 的显著性水平下显著为负，老龄化的二次项（$old2$）的系数均在 1% 的显著性水平下显著为正，这表明老龄化对数字经济产生了显著的正 U 型作用，即老龄化对数字经济的作用存在拐点，拐点前老龄化抑制数字经济的发展，当老龄化发展超过拐点时，将促进数字经济的发展，与研究假设 H1 一致。

表 8-3 基准回归结果

变量名	(1) $deco$	(2) $deco$	(3) $deco$	(4) $deco$
old	−3.5511*** (1.3233)	−4.2614*** (1.2476)	−4.9384*** (1.2466)	−4.3730*** (1.1272)
$old2$	13.5913*** (4.6504)	14.7854*** (4.5874)	17.3698*** (4.5710)	13.9120*** (4.2985)
$pgdp$		0.0317 (0.0613)	−0.1726* (0.0999)	−0.0847 (0.0820)
str		0.0767*** (0.0290)	0.0422 (0.0312)	0.0392 (0.0281)
fdi		0.0139*** (0.0034)	0.0095** (0.0046)	0.0047 (0.0050)

续表

变量名	(1) deco	(2) deco	(3) deco	(4) deco
scispd			0.0585*** (0.0187)	0.0470*** (0.0156)
fsize			−0.1633*** (0.0520)	−0.1424*** (0.0455)
gov				0.2845*** (0.0860)
info				−0.0807* (0.0427)
hcap				−11.5683*** (2.1113)
Constant	0.2520*** (0.0865)	−0.0248 (0.1494)	0.2038 (0.1753)	0.3252* (0.1686)
观测值	279	279	279	279
N	31	31	31	31

注：*** 、** 和 * 分别表示 1%、5% 和 10% 的显著水平，括号中为双重聚类稳健标准误。

表 8-3 中，财政科技投入（scispd）的系数在 1% 的显著性水平下显著为正，表明加大财政科技投入有利于数字经济发展。由于财政科技投入更加具有针对性，影响数字基础设施和科技创新，对数字经济产生正向作用（张红伟等，2022）。金融发展水平（fsize）的系数在 1% 的显著性水平下显著为负，表示金融发展水平抑制了数字经济的发展。金融发展水平高，企业在面临问题时可能获得更多的除数字化以外的解决方案，对数字经济发展有不利影响。政府干预（gov）在 1% 的显著性水平下显著为正，表示政府干预对促进数字经济发展起到正向作用。数字经济发展初期，市场自发进行资源配置可能出现失灵，政府干预能对数字经济的发展进行良性引导，对数字经济的发展起到正向促进作用。

（三）稳健性检验

1. 更换关键解释变量

以数字经济指数（deco）为被解释变量，老年抚养比（oldras）及其二次项（oldras2）为关键解释变量重新估计式（8-1），结果如表 8-4 中（1）列所示。结果显示，在更换了关键解释变量之后，老年抚养比（oldras）的系数在 1% 的显著性水平下显著为负，老年抚养比的二次项（oldras2）的系数在

1%的显著性水平下显著为正，说明老龄化对数字经济的影响呈现 U 型结构，与原假设相符，检验结果是稳健的。

表 8-4 稳健性检验结果

变量名	(1) oldras deco	(2) rdeco rdeco	(3) X deco	(4) IV deco	(5) t deco
old		−3.9904*** (1.3050)	−3.2418*** (1.0945)	−6.0936** (2.9288)	−3.1492*** (1.0669)
old2		12.0979** (4.9791)	9.6255** (4.2564)	16.8446* (10.1171)	9.2406** (4.2108)
oldras	−0.0267*** (0.0065)				
oldras2	0.0006*** (0.0002)				
oldras					
oldras2					
open			−0.0037 (0.0122)		
t					0.0456*** (0.0105)
Constant	0.3078* (0.1656)	0.8464*** (0.2160)	0.6702*** (0.1803)	0.9725* (0.5094)	0.4083** (0.1645)
年度效应	控制	控制	控制	控制	控制
地区效应	控制	控制	控制	控制	控制
控制变量	控制	控制	控制	控制	控制
观测值	279	279	279	248	279
R^2	0.7402	0.7636	0.7610	0.8610	0.7932
N	31	31	31		31

注：***、** 和 * 分别表示1%、5%和10%的显著水平，括号中为双重聚类稳健标准误。

2. 更换被解释变量

用数字经济指数原值（rdeco）作为被解释变量，老龄化（old）及其二次项（old2）为关键解释变量重新估计式（8-1），检验结果见表8-4中（2）列。结果显示，在更换了被解释变量后老龄化（old）的系数在1%的显著性水平下显著为负，二次项（old2）的系数在5%的显著性水平下显著为正。即老龄化对数字经济的影响呈现 U 型结构，与原假设相符，检验结果是稳健的。

3. 增加控制变量

用数字经济指数（*deco*）作为被解释变量，老龄化（*old*）及其二次项作为解释变量，增加对外开放程度（*open*）作为控制变量重新估计式（8−1），结果见表 8−4 中（3）列。结果显示，老龄化（*old*）的系数在 1% 的显著性水平下显著为负，二次项（*old*2）的系数在 5% 的显著性水平下显著为正。即老龄化对数字经济的影响呈现"U"型结构，与原假设相符，检验结果是稳健的。

4. 工具变量法

老龄化水平会影响数字经济发展，反过来数字经济也可能对老龄化产生影响。老龄化和数字经济可能存在双向因果关系，由此本书借鉴陈小辉和张红伟（2021）的研究，用同年度其他省老龄化指标的均值（*ivold*）滞后一期（*L.ivlod*）作为工具变量对模型进行检验。同年度其他省市的老龄化指标很难影响本省老龄化，*ivold* 满足"外生性"要求。同时，其他省市的老龄化指标与该省老龄化指标的测量标准相同，具有相关性，*ivold* 满足相关性要求。以数字经济指数为被解释变量，*ivold* 和 *ivold* 的二次项 *ivold*2 为工具变量重新估计式（8−1），弱工具变量检验的 Cragg−Donald Wald F 统计量值为28.821，大于 10% 偏误下的临界值 7.03，拒绝弱工具变量的假设，*ivold* 为有效工具变量，检验结果见表 8−4 中（4）列。老龄化（*old*）的系数在 5% 的显著性水平下显著为负，其二次项（*old*2）的系数在 10% 的显著性水平下显著为正。即老龄化对数字经济的影响呈现 U 型结构，与原假设相符，检验结果是稳健的。

5. 控制时间趋势

数字经济的发展可能受到外部宏观经济的影响，从而导致本书检验结果不稳健。因此，本书用数字经济指数（*deco*）作为被解释变量，老龄化（*old*）及其二次项作为解释变量，增加时间变量 *t* 重新估计式（8−1），结果见表 8−4 中（3）列。结果显示，时间变量 *t* 在 1% 的显著性水平下显著为正，表示数字经济确实随着时间推移逐步发展。排除该因素，老龄化（*old*）的系数在 1% 的显著性水平下显著为负，二次项（*old*2）的系数在 5% 的显著性水平下显著为正。即老龄化对数字经济的影响呈现 U 型结构，与原假设相符，检验结果是稳健的。

（四）异质性分析

1. 经济发展水平异质性

由于各地区经济发展水平不同，老龄化对数字经济的作用可能因地区经济发展水平的不同而存在差异。地区经济发展水平越高，产业结构往往越先进，数字基础设施更为完善，同时人们消费能力可能更强，高技能人数占比更多。人口老龄化带来的劳动力供给变化和产业结构变化对当地的作用往往更强。

为探究经济发展水平在老龄化影响数字经济中的作用，本书选取老龄化与经济发展水平的交互项（$old * pgdp$），将其追加到式（8-1）进行实证检验。以 old 为关键解释变量，估计结果见表8-5中（1）列；将关键解释变量替换为老年抚养比（$oldras$），估计结果见表8-5中（2）列。

表8-5　经济发展水平异质性的估计结果

变量名	（1） deco	（2） deco
$old * pgdp$	2.5018*** (0.3578)	
old	-3.5470*** (1.0660)	
$old2$	-8.8301* (5.1751)	
$pgdp$	-0.4621*** (0.0911)	-0.4359*** (0.0925)
$oldras * pgdp$		0.0157*** (0.0022)
$oldras$		-0.0271*** (0.0064)
$oldras2$		-0.0003 (0.0002)
$Constant$	0.5482*** (0.1675)	0.5157*** (0.1666)
年度效应	控制	控制
地区效应	控制	控制
控制变量	控制	控制
观测值	279	279
N	31	31

注：***、**和*分别表示1%、5%和10%的显著水平，括号中为双重聚类稳健标准误。

由表 8-5 可知，$pgdp$ 与 $deco$ 交互项的系数均在 1% 的显著性水平下显著为正，即随着经济发展水平的提升，老龄化对数字经济的影响有所增强。

2. 金融发展水平

老龄化对数字经济通过储蓄率对资本供给产生影响，金融发展水平也会对地方资本供给产生影响。由于各地金融发展水平存在差异，老龄化对数字经济的作用可能因金融发展水平的不同也有所不同。金融发展水平较高的地区对资本供给边际变化的敏感性更强，同时反馈更为迅速，因此金融发展水平的提升将增强老龄化对数字经济产生的作用。

为探究金融发展水平在老龄化影响数字经济中的作用，本书选取老龄化与金融发展水平的交互项（$old * fsize$），将其追加到式（8-1）进行实证检验。以 old 为关键解释变量，估计结果见表 8-6 中（1）列；将关键解释变量替换为老年抚养比，估计结果见表 8-6 中（2）列。

表 8-6　金融发展水平异质性的估计结果

变量名	(1) $deco$	(2) $deco$
$old * fsize$	0.8848 (0.6972)	
old	−4.8061*** (1.2203)	
$old2$	14.6201*** (4.4222)	
$fsize$	−0.2553*** (0.0792)	−0.2601*** (0.0714)
$oldras * fsize$		0.0071* (0.0042)
$oldras$		−0.0277*** (0.0074)
$oldras2$		0.0006*** (0.0002)
$Constant$	0.1507 (0.1761)	0.1152 (0.1717)
年度效应	控制	控制
地区效应	控制	控制
控制变量	控制	控制

变量名	(1) *deco*	(2) *deco*
观测值	279	279
N	31	31

注：***、**和*分别表示1%、5%和10%的显著水平，括号中为双重聚类稳健标准误。

由表8-6可知，*fsize*与*deco*交互项的系数均在1%的显著性水平下显著为正，即随着金融发展水平的提升，老龄化对数字经济的影响有所增强。

3. 财政科技投入

国家往往会以财政形式对科技投入提供资金保障，国家的财政资金投入起到了弥补市场失灵缺口的作用（马克和、张婷婷，2019）。已有研究表明，财政科技投入对企业技术创新有显著促进作用（车德欣等，2020），因此财政科技投入对数字经济有促进作用（张红伟等，2022）。同时，老龄化对财政科技投入也存在影响。首先，财政上为即将到来的老龄化社会扩大对老年基础设施的投入，挤出科技支出；进入深度老龄化阶段后可能通过加大财政科技投入，引进新技术缓解老龄化对经济的不利影响。故财政科技投入越多的地区，挤出效应和增加投资的行为越发明显，从而影响老龄化对数字经济的作用。

为探究财政科技投入在老龄化影响数字经济中的作用，本书选取老龄化与财政科技投入的交互项（*old* * *scispd*），将其追加到式（8-1）进行实证检验。以*old*为关键解释变量，估计结果见表8-7中（1）列；将关键解释变量替换为老年抚养比，估计结果见表8-7中（2）列。

表8-7 财政科技投入异质性的估计结果

变量名	(1) *deco*	(2) *deco*
old * *scispd*	1.3548*** (0.1831)	
old	−5.2148*** (0.8966)	
*old*2	−9.0542* (5.1240)	
scispd	−0.1053*** (0.0286)	−0.0916*** (0.0264)
oldras * *scispd*		0.0091*** (0.0012)

续表

变量名	(1) *deco*	(2) *deco*
oldras		−0.0340*** (0.0053)
oldras2		−0.0005** (0.0002)
Constant	0.8375*** (0.1819)	0.7917*** (0.1866)
年度效应	控制	控制
地区效应	控制	控制
控制变量	控制	控制
观测值	279	279
N	31	31

注:***、**和*分别表示1%、5%和10%的显著水平,括号中为双重聚类稳健标准误。

由表8−7可知,*scispd*与*deco*交互项的系数均在1%的显著性水平下显著为正,即随着财政科技投入的提升,老龄化对数字经济的影响有所增强。

4. 产业结构异质性

老龄化影响产业结构,而产业结构对数字经济产生影响。老龄化对数字经济的影响可能因产业结构的不同产生差异。产业结构更为高级化的地区对因老龄化产生的需求变化有更快的响应,更快的产品研发以匹配老年人消费需求,从而增强老龄化对数字经济的影响。

为探究产业结构在老龄化影响数字经济中的作用,本书选取老龄化与产业结构的交互项(*old* * *str*),将其追加到式(8−1)进行实证检验。以*old*为关键解释变量,估计结果见表8−8中(1)列;将关键解释变量替换为老年抚养比,估计结果见表8−8中(2)列。

表8−8　产业结构异质性的估计结果

变量名	(1) *deco*	(2) *deco*
old * *str*	0.7286** (0.2944)	
old	−5.2072*** (1.1414)	

变量名	(1) deco	(2) deco
$old2$	13.1520*** (5.0039)	
str	−0.0816* (0.0462)	−0.0635 (0.0442)
$oldras * str$		0.0044** (0.0020)
$oldras$		−0.0307*** (0.0065)
$oldras2$		0.0006*** (0.0002)
$Constant$	0.3539** (0.1591)	0.2963* (0.1561)
年度效应	控制	控制
地区效应	控制	控制
控制变量	控制	控制
观测值	279	279
N	31	31

注：***、**和*分别表示1%、5%和10%的显著水平，括号中为双重聚类稳健标准误。

由表8-8可知，str与$deco$交互项的系数均在10%的显著性水平下显著为正，即随着产业结构的提升，老龄化对数字经济的影响有所增强。

5. 区域异质性

中国陆地面积广阔，各地区资源不同，在发展过程中产业结构、政策、生活习惯均存在差异，老龄化对数字经济的影响程度可能因地区差异存在不同。

为探究地区差异在老龄化影响数字经济中的作用，本书以$deco$为被解释变量，old为关键解释变量，采用变系数个体固定效应模型对式（8-1）进行检验，估计结果见表8-9中（1）、（3）列；将关键解释变量替换为数字经济指数原值（$rdeco$），估计结果见表8-9中（2）、（4）列。

表8-9　区域异质性分析的估计结果

变量名	(1) deco	(2) rdeco	(3) deco	(4) rdeco
东部地区 old	−0.664 (1.933)	−1.767 (2.260)		
中部地区 old	−4.395*** (1.336)	−5.473*** (1.602)		
西部地区 old	−5.901*** (1.463)	−6.981*** (1.782)		
东部地区 old2	1.558 (7.472)	5.685 (8.523)		
中部地区 old2	11.00** (5.182)	14.17** (6.076)		
西部地区 old2	16.69*** (5.313)	19.65*** (6.455)		
金融发达地区 old			−2.740** (1.358)	−3.910** (1.596)
金融欠发达地区 old			−8.099*** (2.631)	−9.343*** (3.134)
金融发达地区 old2			7.857 (5.397)	11.98* (6.092)
金融欠发达地区 old2			29.29** (11.76)	33.36** (14.10)
Constant	0.266 (0.175)	0.302 (0.204)	0.375** (0.186)	0.433** (0.216)
年度效应	控制	控制	控制	控制
地区效应	控制	控制	控制	控制
控制变量	控制	控制	控制	控制
观测值	279	279	279	279
R^2	0.764	0.758	0.746	0.740
N	31	31	31	31

注：***、**和*分别表示1%、5%和10%的显著水平，括号中为双重聚类稳健标准误。

由表8-9中（1）、（2）列可知，东部地区老龄化的系数不显著，中部、西部地区老龄化的系数在1%的显著性水平下显著为负，其二次项分别在5%和1%的显著性水平下显著为正，表明在中西部地区老龄化对数字经济的影响呈现U型结构，且中部地区的拐点（0.19977）高于西部地区的拐点（0.17678）。

由表8—9中（3）、（4）列可知，金融发达地区老龄化的一次项系数在5%的显著性水平下显著为负，二次项系数显著为正，即老龄化对数字经济的影响在金融发达地区更为明显。

第九章 研究结论与研究展望

　　本章对前面进行回顾和总结，本书共包括数字科技和数字经济两部分，分别对数字科技和数字经济的历史沿革与科学内涵、常见类型与特性分析、全国和省级发展水平评价几个方面进行了全面总结与深入阐述。

　　本书第四章研究了老龄化对数字科技创新的影响，结果显示，人口老龄化与数字科技创新水平之间存在显著的 U 型关系。本书第八章研究了老龄化对数字经济创新的影响，结果显示：老龄化对数字经济产生先抑制后促进的 U 型结构。

　　数字经济引领未来全球经济发展，也是全球竞争的新领域及制高点。研究发现，2018 年以来，我国数字经济的增长速度不断下降，进入了增长的瓶颈期。在经历了快速发展的阶段后，我国需要考虑的是如何调整发展策略，大力促进数字经济的新一轮增长和高质量发展。为此，对数字经济的发展趋势，本书得到以下三点启示：第一，以美国和中国为核心的全球数字经济"双核"格局初步形成。在互联网行业、人工智能、区块链产业等数字经济重点领域，中国和美国在产业体量、人才集聚、技术创新等方面均表现出较强的竞争优势。第二，数字经济与实体经济深度融合。在未来一段时间内，伴随 5G、物联网、传感器等前沿技术以及大数据、区块链的渗透应用和优化迭代，数字经济将加速向传统产业渗透，增强融合效应，促进实体经济转型升级。第三，数字经济发展将对社会生活产生巨大影响。未来，数字经济必将对社会生活产生持续的、更为深远的影响，智慧城市、物联网等概念将不再是遥不可及的梦想，而是触手可及的未来，更重要的是，数字时代下的社会治理也将步入一个崭新的阶段，征信体系的完善和智能化也将全面改变社会人的行为方式。